ハンディシリーズ
発達障害支援・特別支援教育ナビ
柘植雅義◎監修

奥田健次 編著

教師と学校が変わる学校コンサルテーション

- 奥田健次
- 島宗　理
- 大久保賢一
- 野田　航
- 大対香奈子
- 田中清章
- 猪子秀太郎
- 日野浩志
- 前野宏行
- 髙津　梓
- 上條くる美
- 青木高光
- 笹田夕美子

金子書房

「発達障害支援・特別支援教育ナビ」の 刊行にあたって

　2001 年は，新たな世紀の始まりであると同時に，1 月に文部科学省の調査研究協力者会議が「21 世紀の特殊教育の在り方について 〜一人一人のニーズに応じた特別支援の在り方について〜」という最終報告書を取りまとめ，従来の特殊教育から新たな特別支援教育に向けた転換の始まりの年でもありました。特に画期的だったのは，学習障害（LD），注意欠如多動性障害（ADHD），高機能自閉症等，知的障害のない発達障害に関する教育の必要性が明記されたことです。20 世紀の終わり頃，欧米などの他国と比べて，これらの障害への対応は残念ながら日本は遅れ，国レベルでの対応を強く求める声が多くありました。

　しかし，その 2001 年以降，取り組みがいざ始まると，発達障害をめぐる教育実践，教育行政，学術研究，さらにはその周辺で深くかかわる福祉，医療，労働等の各実践，行政，研究は，今日まで上手い具合に進みました。スピード感もあり，時に，従来からの他の障害種から，羨望の眼差しで見られるようなこともあったと思われます。

　そして 14 年が過ぎた現在，発達障害の理解は進み，制度も整い，豊かな実践も取り組まれ，学術研究も蓄積されてきました。以前と比べれば隔世の感があります。さらに，2016 年 4 月には，障害者差別解消法が施行されます。

　そこで，このような時点に，発達障害を巡る種々の分野の成長の全容を，いくつかのテーマにまとめてシリーズとして分冊で公表していくことは非常に重要です。そして，発達障害を理解し，支援をしていく際に，重要度の高いものを選び，その分野において第一線で活躍されている方々に執筆していただきます。各テーマを全体的に概観すると共に，そのテーマをある程度深く掘り下げてみるという 2 軸での章構成を目指しました。シリーズが完成した暁には，我が国における発達障害にかかわる教育を中心とした現時点での到達点を集めた集大成ということになると考えています。

　最後になりましたが，このような画期的なアイデアを提案して下さった金子書房の先見性に深く感謝するとともに，本シリーズが，我が国における発達障害への理解と支援の一層の深まりに貢献してくれることを願っています。

2014 年 9 月

シリーズ監修 柘植雅義

Contents

第1章 教師・支援者のための
学校コンサルテーションのすすめ
.... 奥田健次　4

第2章 学校コンサルテーションの意義
.... 島宗　理　10

第3章 学校コンサルテーションと
School-wide Positive Behavior Support (SWPBS)
.... 大久保賢一　19

第4章 基礎学力向上のための学校コンサルテーション
.... 野田　航　27

第5章 通常学級における学校コンサルテーション
.... 大対香奈子　35

第6章 特別支援学校における学校コンサルテーション
.... 田中清章　43

第7章 保育所や幼稚園に対するコンサルテーション
.... 猪子秀太郎　51

第8章	学校コンサルテーションを成功に導くために

.... 奥田健次　60

第9章	コンサルテーションの事例から

事例1 強度行動障害の発達障害生徒への支援
──「暴力ゼロ」への取り組み
.... 日野浩志　70

事例2 強度行動障害の発達障害生徒との「距離感」を
取るための支援
.... 前野宏行　77

事例3 自閉症スペクトラムのある生徒の他者との
適切な関わり方の支援
.... 髙津　梓　84

事例4 学校コンサルテーションにおける教師と保護者の行動変容
──長野県の特別支援学校の事例研究会から
.... 上條くる美・青木高光　90

事例5 療育センターでの事例
──コンサルテーションを受けた保育士による親子支援
.... 笹田夕美子　97

第1章

教師・支援者のための
学校コンサルテーションのすすめ

奥田健次

1 はじめに

　平成28年度「児童生徒の問題行動等生徒指導上の諸課題に関する調査」（文部科学省，2018）によると，暴力行為は近年の上昇傾向が持続しており，特に小学校における暴力行為の発生件数は22,841件（前年度17,078件）と，前年度を大きく上回ることが明らかになった。いじめについても近年，大幅に増加していることが明らかになっているが，この年度の調査では小学校237,256件（前年度151,692件），中学校71,309件（前年度59,502件），高等学校12,874件（前年度12,664件），特別支援学校1,704件（前年度1,274件），全体では323,143件（前年度225,132件）と，さらに増加傾向を強めている。

　また，文部科学省（2012）による調査「通常の学級に在籍する発達障害の可能性のある特別な教育的支援を必要とする児童生徒に関する調査結果について」では，公立の小・中学校の通常の学級において，学習面または行動面において著しい困難を示す児童生徒が推定値で6.5％程度の割合で在籍しており，これらの児童生徒以外にも教育的支援を必要とする児童生徒がいる可能性が示されている。

　上記の全国調査等での調査項目に挙げられるような行動上の問題を抱えて公立や民間の相談機関に来談するケースの多くは，発達障害と診断または発達障害の疑いを指摘されたケースである。

　教育的支援を必要としていることとは，何を意味しているのであろうか？そして，教育的支援の方法としてどのような方法があるのであろうか？　これらの問いに対して，十分に納得できる回答を得ることができなければ，学校教育の現場は「児童生徒らにも我慢を強いる」「教師たちにも我慢を強いる」「保

教師・支援者のための学校コンサルテーションのすすめ 第1章

護者たちにも我慢を強いる」といった，誰も得をしない結果と現実が長く続くであろう。

2 児童生徒らは何を必要としているのか

　児童生徒らは自らが学校問題を解決する責任主体ではない。たとえば，A君とB君という落ち着きのない児童が教室にいて，この二人が教室から勝手に飛び出してしまう現状があるとしよう。また，算数の苦手なC君がこの二人に追随して教室から一緒に出て行ってしまうようになったとしよう。こうした問題について，この教室の残りの30数名の児童らが支援会議を行い，学級経営を見直し，必要に応じた個別の教育支援を行って，保護者支援まで行うのか？　このように問うと，当然それは児童にそのような解決責任が問われるはずはない。同じように「いじめ」の問題も，子ども同士で解決すべきなどと考えてはいけない。たとえ，SNS（ソーシャル・ネットワーキング・サービス）などのいじめが，学校以外の時間帯で起きているからといって，大人の関わりを放棄していてはいけない。

　こうした問題解決の責任は，児童生徒に問われることはない。ただし，行動の結果責任については児童生徒に問われる可能性があり，その責任の問い方について教師や保護者などの大人は検討していく必要があろう。

　あくまでも児童生徒は，個人の能力に応じた教育を受けることにより，一人ひとりの発達が保障されるべきである。また，このことはあらゆる暴力から守られる中で行われなければならない。こうした基本的な子どもの権利については，大人が責任を持って保障していくべきものである。

3 教師らは何を必要としているのか

　教師らは自らが学校問題を解決する責任を負っているといえる。とはいえ，教師一人が，担任をしている学級や担当している児童生徒に関わるすべての問題に対する責任を負っているわけではない。学級での諸問題については，担任一人が抱え込むような問題ではなく，学校全体で解決に取り組む問題と考える

5

べきである。

　ただし，教師は文部科学省（2017）が示した『発達障害を含む障害のある幼児児童生徒に対する教育支援体制整備ガイドライン』に従う必要があろう。このガイドラインでは，通常の学級担任・教科担任には「気付きと理解」「個別の教育支援計画及び個別の指導計画の作成と活用・管理」「保護者との協働」「交流及び共同学習の推進」などが必要とされている。

　たとえば，学内に校内委員会が設置されていたとしても，担任の「気付きと理解」が低ければチームによる支援は後手に回るであろう。しばしば起こりうる問題は，教師の中に「問題に（気付いているが）気付かないようにする教師」や「児童生徒の将来において不利益になることを想像できない教師」が少なからずいて，現在の問題が数年にわたって放置されることである。気付きと理解のよい教師は，しばしば「問題意識の高い教師」と言い換えられることがあるが，もっと学内外で重宝されるべきであろう。

　また，個別の教育支援計画や個別の指導計画の作成が不十分であると，次年度担任や進学先への引き継ぎも不十分となる。同時に，保護者との協働すら困難になってしまう。教師の中には，こうした作業が苦手な者もいるのが現実である。たとえば，指導計画の文書ファイルを自由に作成・更新・管理すること自体が苦手な教師が少なくない。その教師個人の苦手を学校が放置すると，結果として「指導計画を立てられなかった教師」とされ，計画のない教師による評価の曖昧な指導（もはや指導とは言えないかもしれないが）を児童生徒は甘受しなければならなくなる。学校側には，こうした教師へのチーム支援も求められているはずである。

　保護者との協働についても，同様にこれを苦手とする教師も少なからずいる。保護者の思いに寄り添うように面談できる教師もいれば，それがまったくできずに関係を悪化させてしまう教師もいる。他にも，たとえばいじめを受けた児童生徒や保護者の気持ちも聞くが，いじめを行った児童生徒や保護者の気持ちも聞いただけで何もせず，結果としていじめを受けた児童生徒の側がこれからも我慢し続ける状況を作り出す教師もいる。逆に，両者の話をそれぞれ聞いた上で「いじめは大きな問題であるので，学校として受け入れることはできない」と大切なことを，いじめを行った児童生徒や保護者に何らかの方法で伝えるこ

とのできる教師もわずかでもいるかもしれない。

　これらの判断や実行は，教師一人で下すのはとても大きなリスクがあり，勧められるものではない。児童生徒が学校を含めた地域社会での生活を安心して過ごしたいのと同じように，教師も安心して教職を全うしたいはずである。教師を支えるシステムも必要なのである。「子どもを適切に支援できるように教師を適切に支援する」という構図は，児童生徒の権利を保障するために欠かせない視点であろう。

4　保護者らは何を必要としているのか

　もっとも難しいと言えるのは，保護者のニーズの把握である。なぜ，これが難しいのかというと，保護者には色々な個人的見解があるために「保護者は」と簡単に一括りにしにくい現実があるためである。たとえば，「学習が進まなくても教室に居りさえすればよい」と考える保護者がいる一方，「教室で何もできないのであれば学校に行かせない」という保護者もいる。過干渉な保護者，過保護な保護者，あるいはネグレクトの疑いのあるような育児放棄の保護者もいる。したがって，「保護者のニーズはいつも同じ」と考えるのではなく，それぞれの保護者の考え方を知る必要があろう。ただし，このことは「すべての保護者の考えを尊重すべき」ということではない。

　児童生徒には，それぞれの保護者がいたとしても保護者が児童生徒のすべてを恣意的に強要できるものではない。児童生徒それぞれ個人には，安全に健康的な環境で暮らす権利があることを尊重しなければならない。ただ，こうした権利は相互に尊重されるべきものであるため，自分の子どもの権利主張ばかりではなく他の子どもの権利も尊重されなければならない。したがって，たとえば「うちの子が暴力を振るうのは周囲の理解の低さからなので，周囲には多少我慢をしてもらいたい」というような主張は受け入れられるものではない。こうしたことを，保護者は学校を含めた専門性のある立場から納得できる説明を少なくとも得たいであろう。

　近年，いわゆる「モンスターペアレント」と称される，自己中心性が激しく理不尽な要求を行う保護者が増えている。こうした背景があるために，保護者の

中には，至極真っ当な要望をしているにもかかわらず「モンスターペアレント
と思われたくない」と心配する声も聞かれる。保護者が安心して学校側に要望
できることは「合理的配慮」と呼ばれる範囲内であり，その内容は先述の『発
達障害を含む障害のある幼児児童生徒に対する教育支援体制整備ガイドライン
（文部科学省，2017）』を参考にされるとよい。ただし，ほとんどの保護者はこの
ガイドラインを読んでいないと考えるべきである。もし，心ある専門家が「学
校や地域社会をよくしたい」と考えるならば，保護者にこのガイドラインの内
容を十分に周知するべきであろう。

5 教育支援の方法

　教育支援の必要性については，これまで述べてきた通りである。ただ，上述の
ことは教師一人の能力に責任帰結させることは避けるべきである。児童生徒が
個々それぞれであるように，教師も個々それぞれである。学級経営を見直して
授業の改善策を編み出すのが得意な教師もいれば，そうでない教師もいる。児
童生徒が現在抱えている問題が，将来どのような不利益に繋がるかを想像でき
る教師もいれば，それがまったく想像できない教師もいる。

　したがって，児童生徒に教育支援が必要なのと同じように，教師に対しても
何らかの支援が必要であるといえる。そのための有力な方法の一つが学校コン
サルテーションである。学習や行動面で著しい困難を示す児童生徒に対する
個々の教師の指導力を向上するために，教師向けの研修会等によって教師個人
のレベルアップを図ろうとする発想には限界があろう。そうした研修会では，
「いまここにいる児童生徒」について討論されることがないためである。

　学校コンサルテーションの強みは，いまここにいる児童生徒に今日から何が
できるかを学べる可能性にあるといえる。学校全体に学習や行動面で著しい困
難を示す児童生徒が50人いたとして，そのうち学校コンサルテーションで事例
検討の対象に選ばれたのが5人しかいないかもしれないが，それでも問題の解
消につながる具体的対処が誰一人に対しても行われず数年経過するより，よほ
どよい結果をもたらすものである。学校コンサルテーションを経た教師の中に
は，類似した問題を抱える児童生徒やその担任らに対して解決方法を助言でき

る能力のある人もいるからである。こうした教師を少しでも増やせると，いまここにいる50人だけでなく，将来にも出会う児童生徒らが抱える問題について，よりよい支援を提案できるようになろう。

【引用文献】

文部科学省（2018）平成28年度「児童生徒の問題行動・不登校等生徒指導上の諸課題に関する調査」（確定値）について.

文部科学省（2017）発達障害を含む障害のある幼児児童生徒に対する教育支援体制整備ガイドライン.

文部科学省（2012）通常の学級に在籍する発達障害の可能性のある特別な教育的支援を必要とする児童生徒に関する調査結果について.

第2章

学校コンサルテーションの意義

島宗　理

1 特別支援教育への転換と展望

　発達障害がある児童生徒への学校における支援の在り方は，特殊教育から特別支援教育へという大きな流れの中で転換期を迎えた。2007年に学校教育法等の一部が改正され，小中学校には校内委員会を設置し，特別支援教育コーディネーターを配置し，障害がある児童生徒には個別の指導計画を作成することなどが求められるようになったのである。

　文部科学省の調査によれば，2016年度の公立小中高等学校における校内委員会の設置率，コーディネーターの指名率はどちらも99%以上であり，作成が必要と判断された児童生徒に対する個別の指導計画作成率も95%を越えている（文部科学省，2016）。

　障害がある児童生徒への支援を拡充するための法整備は一段落し，学校や教員が手探りながらも取り組み続けたことで，校内における組織や役割分担などの仕組みは整ってきたと言えるだろう。

　次の段階は，こうした仕組みをうまく機能させ，支援の質を改善・拡充していくことにある。加藤（2011）は，障害に関する専門性が高くない教員が特別支援教育コーディネーターに指名されたり，通常の校務や他の教員との調整に追われて支援にさける時間が少なくなったり，校内委員会の開催が不定期になったり，参加する教員の役割分担が不明確であったりするといった現状を指摘し，こうした諸課題を解決していくためにも学校コンサルテーションを活用すべきであるとしている。

　支援の質を高めるためには，学内外を問わず，専門家や地域資源の柔軟な活用が求められる。特別支援教育への転換の第一歩となった文部科学省調査研究

協力者会議の最終報告『今後の特別支援教育の在り方について』では，医師や教育心理学者，作業療法士，理学療法士，言語聴覚士など，専門家の幅広い活用が提言されていた（文部科学省，2003）。国立特殊教育総合研究所が刊行している『特別支援教育コーディネーター実践ガイド』（松村ら，2006）においても，校内委員会で支援策を検討し，個別の指導計画や教育支援計画を立案するさいに専門家の意見を活用するように推奨している（p.6）。ところが文部科学省による調査によれば，小中高等学校における専門家の活用率は60％以下であり，ここに改善の余地が認められる（文部科学省，2016）。

2 行動分析学に基づいた学校コンサルテーション

学外の専門家をコンサルタントとして招聘し，学校コンサルテーションを受けることにはどのような効用があるのだろうか。

学校コンサルテーションは，コンサルティである教員がコンサルタントである専門家から助言を受けながら，クライアントである児童生徒の指導や支援を進める形式で行われる。その方法論には，心理学によるものだけでも，アドラー派のアプローチ，精神衛生を中心としたアプローチ，行動論的なアプローチが存在し，行動論的なアプローチにも複数のモデルが存在している（Brigmanら，2005；大石，2004）。

本章ではこの中でも行動分析学を基盤とした方法論について解説する。このアプローチは課題解決指向的であり，児童生徒の個別の教育ニーズに現実的に対応するのに適している。学校教育だけではなくメンタルヘルスや企業経営においても有効性が確認されている汎用的な方法論でもある（Luiselli, 2002）。本書の他の章で紹介されている事例は，多かれ少なかれ，基本的にはこのアプローチを採用していると言ってよいだろう。

行動分析学に基づいた学校コンサルテーションモデルを図2-1に示した。図式化するためにBrethower（2012）のトータル・パフォーマンス・システム（TPS）の考え方を用いた。TPSは組織内の役割を，その前段階と後段階，成果を引き継ぐ次の組織，役割がうまく果たせているかどうかを示す情報（組織内の内部フィードバックと次の組織からの外部フィードバック）として記述する。

そして役割がうまく機能するために改善の余地があるところを見つけていく。

事例を取り上げて解説しよう[※注1]。

知的障害と自閉症を重複した高等部の生徒が，作業学習の時間に，同じ課題が数十分以上続くと同級生に手を出し始め，教員が注意すると興奮し，暴言を吐いたり，相手を突き飛ばしたりしていた。そこで担任と副担任が中心となって，専門家からコンサルテーションを受けながらこの行動問題について指導計画を立案することになった。

この段階で指導目標を授業に取り組む"態度"や"集中力"のような抽象的な表現にしたままだと指導計画の立案が困難になり，指導がうまくいったかどうかを評価し，改善することも曖昧になる。また，暴力や暴言などの問題行動だけに注目していると，この場面でこの生徒が獲得すべき望ましい行動が教えられない。そうした専門家の助言を受け，障害の特性や重度，教室環境などにも配慮しながら，指導目標を具体的で，できるだけポジティブな標的行動として設定した。

標的行動は「先生とは丁寧な言葉づかいで話をする」，「授業開始時は挨拶をする」，「授業中は先生の指示を守る」，「授業中に友だちの嫌がることはしない」

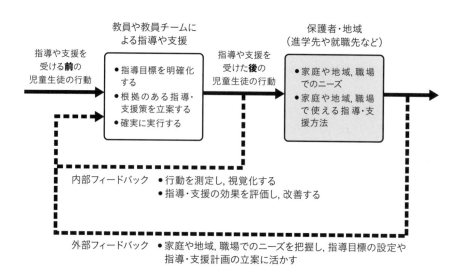

図2-1　学校コンサルテーションが構築する仕組み

の4つとし，自分からできたら2点，教員から注意されてすぐに直せたら1点を獲得できること，2週間で目標得点に到達すれば，後期の就業体験で職場実習にいけることを担任が生徒へ告げた。そして生徒が毎時間，授業終了時に，自分で自分の行動を振り返って記録する表を用意した。こうしたセルフモニタリングや目標設定といった手続きは，これまでの研究によって効果が検証されている方法であることが専門家から解説された。

　指導目標を具体的な行動として決めること，根拠のある指導・支援策を立案し，確実に実行することが，教員や教員チームの役割であり，それをサポートすることが専門家の役割である。

　立案した指導計画すべてがうまくいくとは限らない。そこで，生徒の行動を観察した記録に基づき，横軸に日付，縦軸にその日の合計得点をとった折れ線グラフを担任が描いていき，指導の成果を確認することにした。グラフは教員チームだけではなく専門家とも共有された。この指導計画は奏功し，当該生徒の逸脱行動や暴言・暴力はほぼなくなったが，うまくいかなければ，指導計画を見直し，改善することになる。指導目標を記録し，視覚化する理由は，指導の成果に基づいて指導方法や教材などを改善していくために，記録を内部フィードバックとして用いるためである。PDCA（Plan-Do-Check-Action：計画・実施・評価・改善）プロセスを回せる仕組みをつくる支援も，コンサルテーションにとって重要な目標となる（Brigmanら，2005）。

　指導の成果を引き継ぐ次の組織には家庭や地域，就労先などが考えられる。この事例なら，後期に計画されている職場実習の受け入れ先がその一つとなる。指導目標が妥当であったかどうか（たとえば他に指導すべき優先順位の高い行動がなかったかなど），標的行動は十分に変化したか（たとえば逸脱や暴言の頻度が減ったとはいえ，就労を念頭におくと50分間という授業時間は短くないかなど），指導手続きは実施可能で倫理的にも問題がないか（セルフモニタリング用の記録用紙や設定した目標に到達したときのインセンティブは職場で用意できるかなど）などの情報は，外部フィードバックとして，指導の妥当性を高めるために用いられる。行動分析学ではこれを社会的妥当性と呼び，指導の後の評価のみならず，指導計画を立案するときにもなるべく収集し，活用すべきであると考えている（Cooperら，2007）。

行動分析学に基づいた学校コンサルテーションでは，学校や教員からの依頼に応じ，児童生徒の行動問題に関する相談にのりながら，図2-1のような仕組みが機能するように助言していく。コンサルテーションの直近の目標は依頼があった児童生徒の教育的課題の解決であるが，究極の目標は，事例を積み重ねていくうちに，同じ児童生徒の他の課題や，他の児童生徒の同様の課題を教員や教員チームが自ら解決できるようになっていくことである。そのための仕組みが内在化し，機能するようにならない限り，児童生徒に何かしらの行動問題が認められるたびに校外の専門家が必要になってしまう。コンサルテーションには出口戦略が重要であり，このためコンサルティの自立がコンサルテーションの目標になるのである。

　Erchul & Martens（2002）はコンサルティである教員の信念や態度，そして行動の変容を介して子どもの行動を変容させることが行動分析学に基づいた学校コンサルテーションの特徴であるとしている。行動分析学では児童生徒の行動も教員の行動も，同じ行動の原理を用いて理解する。コンサルテーションを経て立案された指導手続きが計画された通りに実行できるように教員を支援するための手続きも，児童生徒を支援するのと同じ行動の原理を用いて開発されている（野口，2011）。

　もちろん，学校が指導や支援の質を継続的に改善していくためには，個々の教員の行動変容だけでは不十分で，組織として教員をサポートする仕組みが欠かせない。これが前掲のTPSで記述したシステムであり，指導目標の具体化や記録に関する教員向けの研修や，児童生徒を対象とした教材や指導手続き，事例検討会の運営方法などのノウハウを学校が組織として蓄積していくことが重要になる。学校コンサルテーションにはこの視点が欠かせない。

3　学校コンサルテーションの意義

　学校コンサルテーションの意義を以下にまとめよう。

（1）成果にコミットする体制づくり

　指導・支援の目標を具体化し，記録をとること，そして，それを教員や教員

チームだけではなく，コンサルタントも含めた支援チーム全体で共有することで，指導の担当者には指導や支援が成功するまで改善を続けることが期待されるようになる。さらに，校内では，指導・支援目標の達成に必要な協力だけでなく，愚痴を聞いたり，相談にのったり，達成を共に喜ぶといったソーシャルサポートも生まれるようになる。結果として，児童生徒の学びや成長を確実に支援できる体制が整う。

（2）指導・支援目標の妥当性の確保

　児童生徒の生活の質（QOL）を向上するためには，個別の教育ニーズを正確に把握し，その子どもの中長期にわたる将来展望から短期の指導・支援目標を導き出すことが重要になる。このためには図2-1にあるように，家庭や職場，地域のニーズが反映されるべきである。コンサルテーションによって，この外部フィードバックが実現されると，指導・支援目標の妥当性が高められる。

（3）新しい知見の活用

　指導・支援の手続きや教材などは，常に研究開発され，新しい技術が生みだされている。最新の知見に詳しい専門家のコンサルテーションによって，難解な学術論文や専門書を教員が読む時間や手間を省き，指導・支援へ活用することが可能になる。なお，行動分析学に基づいて学校コンサルテーションを進めたとしても，児童生徒への指導・支援のすべてが行動分析学的に行われなければならないというわけではない。コンサルテーションで重要となるのは，児童生徒の教育ニーズにあった目標が立てられているかどうか，指導・支援が効果的，効率的に行われ，目標が達成されているかどうかである。

（4）教員の指導力の改善

　講義や講演で話を聞き，"目から鱗が落ちた"と感動しても，それが児童生徒への指導や支援につながるとは限らない。しかし，同じ内容の助言をコンサルテーションとして受けながら，児童生徒に対する指導を実際に進めていくことで，研修会という形式では実質化しにくい，指導力の向上が見込まれる。行動分析学に基づいた学校コンサルテーションでは，指導目標の具体化や記録の取

り方，望ましい行動を増やしたり，望ましくない行動を減らしたりするための原理原則から解説し，指導・支援手続きを助言する。このため，コンサルテーションを受けた教員が，同じ児童生徒の他の教育ニーズや，他の児童生徒の教育ニーズへの対応に，コンサルテーションから学んだことを応用しやすいという特徴がある。

（5）学校の力量の向上

一つの学校で何人かの教員や教員チームが，複数の児童生徒の教育ニーズに同じ方法で取り組み，その情報を共有することで，学校としての力量が向上する。指導目標の設定に関するガイドラインや，記録用紙・教材・指導の手続きなどを再利用できる形で蓄積していくことで，異動によって担当教員が変わっても，同じ水準の指導・支援を継続させ，PDCAのサイクルを中断させることなく，改善を続けられるようになる。図2-1のような仕組みを，特別支援教育コーディネーターの役割や校内委員会の運用マニュアル，その他の校務分掌における協力体制，その全体をサポートする管理職の役割やその引継ぎ資料などとして実在化させることで，学校の力量を継続的に向上していくシステムができていく。

（6）システム全体を継続的に改善する

図2-1は教員や教員チームによる指導・支援に関する仕組みを描いたものであるが，同様のシステムは，校内委員会の運営や専門家のコンサルテーション，管理職や教育委員会によるサポートにも適用できる。上述したように，行動分析学は大人の行動も子どもの行動と同じように理解する。たとえば，専門家がより有効なコンサルテーションを行うためにはどのような仕組みが必要なのかを考え，実行・評価し，記録に基づいて改善していくこともできる※注2。こうして，児童生徒の学びと成長を実現させる包括的，重層的なシステムを継続的に改善していくことができるようになる。

我が国における学校コンサルテーションの歴史はまだ浅い。学校や教員のニーズに応えられるコンサルテーションの方法論を確立することも，コンサル

タントの養成プログラムを開発することも今後の課題である。いずれにしても，コンサルティ，コンサルタントの双方が，本章で解説したシステム的視点を持つことが重要になるだろう。

※注記
1）徳島県立総合教育センターが公開している「特別支援まなびの広場」で公開されている事例「特別支援学校高等部の生徒に一般就労に必要なスキルを教える事例」（http://manabinohiroba.tokushima-ec.ed.jp）を参考に一部改変した。
2）徳島県教育委員会は「発達障がい 教育・自立促進アドバイザーチーム」から派遣されるコンサルタントと派遣を要請したコンサルティが相互に仕事を評価し，改善に活用する仕組みを導入している。

【引用文献】

Brethower, D. (2012). *A Total Performance System*. Behaviordelia.

Brigman, G., Mullis, F., Webb, L., & White, J. (2005). *School counselor consultation: Developing skills for working effectively with parents, teachers, and other school personnel.* Hoboken, NJ, US: John Wiley & Sons Inc.（グレッグ ブリッグマン，G・ウェッブ，L.，ホワイト，J.，& ムリス，F.（著）谷島弘仁（翻訳）（2012）学校コンサルテーション入門—よりよい協働のための知識とスキル—．金子書房）

Cooper, J. C., Heron, T. E., & Heward, W. L. (2007). *Applied Behavior Analysis*. Pearson Education.（クーパー，J. C.，ヘロン，T. E.，& ヒューワード，W. L.（著）中野良顯（訳）（2013）応用行動分析学　明石書店）

Erchul, W. P., & Martens, B. K. (2002). School. 2nd Ed. New York: Springer-Verlag.（*Consultation: Conceptual and Empirical Bases of Practice* アーチュル，W. P., & マーテンズ，B. K.（著）大石幸二（監訳）（2008）．学校コンサルテーション—統合モデルによる特別支援教育の推進—　学苑社）

Luiselli, J. K. (2002). Focus, scope and practice of behavioral consultation to public schools. *Child & Family Behavior Therapy*, 24(1-2), 5-21.

加藤哲文（2011）．学校支援に活かす行動コンサルテーション　加藤哲文・大石幸二（編）学校支援に活かす行動コンサルテーション実践ハンドブック—特別支援教育を踏まえた生徒指導・教育相談への展開—（Pp.8-23）学苑社

松村勘由・大杉成喜・伊藤由美・植木田潤・大崎博史・海津亜希子・澤田真弓・徳永亜希雄・横尾俊（2006）．特別支援教育コーディネーター実践ガイド—LD・ADHD・高機能自閉症等を含む障害のある子どもへの支援のために—　独立行政法人 国立特殊教育総合研究所

文部科学省（2003）．今後の特別支援教育の在り方について　http://www.mext.go.jp/b_menu/shingi/chousa/shotou/054/shiryo/attach/1361204.htm（閲覧日：2017 年 12 月 4 日）

文部科学省（2016）．平成 28 年度特別支援教育体制整備状況調査結果について　http://

www.mext.go.jp/a_menu/shotou/tokubetu/material/__icsFiles/afieldfile/2017/04/07/1383567_02.pdf（閲覧日：2017 年 12 月 4 日）

野口和也（2011）．行動コンサルテーションの効果の見極め　加藤哲文・大石幸二（編）学校支援に活かす行動コンサルテーション実践ハンドブック―特別支援教育を踏まえた生徒指導・教育相談への展開―（Pp.74-90）学苑社

大石幸二（2004）．北米における学校支援のためのコンサルテーションの実践　加藤哲文・大石幸二（編）特別支援教育を支える行動コンサルテーション―連携と協働を実現するためのシステムと技法―（Pp.16-27）学苑社

第3章

学校コンサルテーションと
School-wide Positive Behavior Support (SWPBS)

大久保賢一

1 問題の「解決」と「予防」，そして児童生徒の「適応」を目指す 行動コンサルテーション

　自明のことではあるが，「発達障害」は児童生徒の行動問題の直接的な原因ではない。もちろん，子ども本人の遺伝的・生得的な特性（例えば，刺激に対する過敏性や過剰選択性など）が，間接的に本人の不適応に影響する可能性は考えられる。しかし，行動問題の直接的な原因は，その時点における環境の在り方にあり，児童生徒と環境との相互作用の履歴にある。したがって行動問題を解決するためには，児童生徒に対してのみ介入を行い，子ども本人の行動変容を促すだけでは不十分である。児童生徒の適応を支援するためには，行動と環境の相互作用，つまり行動随伴性そのものに介入する必要があり，その対象は児童生徒本人に限定されるわけではなく，必要に応じて「学校を変えること」が方略に含まれることになる。

　学校における行動問題に取り組むためには，「問題解決型」の学校コンサルテーションに加え，教職員による予防的で持続的な行動支援を可能にする組織づくり，そしてそれらの適切な運用をサポートするシステムワイドな行動コンサルテーションが必要となる。

2 SWPBSの特徴

　そのような支援システムの一例として，海外において大規模な成果が報告されている実践モデルが，School-wide Positive Behavior Support（以下，SWPBSとする）である。SWPBSの特徴として，1）その理論的・概念的基

盤は応用行動分析学に密接に関連している，2）第1層（全ての児童生徒を対象とした行動支援）と第2層（第1層支援が効果的でなかった約20%の者に対するより集中的でグループワイドな支援），そして第3層（第1層支援と第2層支援において効果が示されなかった約5%の者に対する高密度で個別的な支援）という3層から成る予防を強調する支援の連続体を構築する，3）児童生徒に社会的な行動を教えることが優先される，4）エビデンスや研究成果に基づいた実践が選択され適用される，5）地域における人材の能力や専門性を養成する，6）実践が計画通りに実行されているかどうか，あるいはその実践がポジティブな効果を示しているかどうかを判断するためにデータを活用する，という6つをあげることができる（Sugai & Horner，2009）。

3 SWPBSにおける第1層支援

　SWPBSにおける第1層支援とは，単一の介入方略ではなく，教職員が協働して取り組む全校児童生徒を対象とした一連の介入プロセスである。したがって，その取り組みの過程は，SWPBSに取り組む全ての学校で基本的には共通したものとなるが，そこから生み出される学校目標や具体的な手続きは，学校の実態や様々な状況を踏まえて各校独自のものとなる。

　第1層支援を実施するために，まずは学校内にその計画と遂行を担う組織を作り，適切なメンバーを選出する必要がある。George, et al.（2009）は，管理職，通常教育担当者の代表，特殊教育担当者の代表，進路指導担当者，その他の専門職員，保護者，外部専門家（学校心理士，行動分析学の専門家，ソーシャルワーカーなど）など6名から8名を選出することを推奨している。日本の学校においては，これらのメンバーに加え，特別支援教育コーディネーター，生徒指導の担当者，養護教諭などの選出も検討されるべきであろう。この組織に期待される役割は，①具体的な実施計画の立案，②学校の実態を客観的に把握するための既存のデータ集約・分析，③進捗と成果を評価するための定期的なミーティングの開催，④他の教職員に対する成果と課題の共有である。

　体制整備のために欠かすことのできないものの1つは，適切な予算の配当である。この配当により，SWPBSに関する専門性を有する行動コンサルタン

トによる研修やコーチングが可能となり，手続きの実施やデータの収集・管理などをサポートする補助員を配置することが可能となる。日本において学校が単独で外部資金を獲得することは不可能ではないが，多くの場合期限が設定されたプロジェクトに予算が配当されるという形が取られるため持続性に欠ける。まだ実践の前例は少ないが，教育行政がSWPBSの実践と普及を事業化し，予算と人員を確保・配当し，必要な研修計画を立案することが持続的な実施の前提となる。教育行政のバックアップがあってはじめて，管理職やキーパーソンとなる教職員の異動に耐えうる仕組みを構築することが可能となる。

　以上の条件が整備されれば，最初の研修において全ての教職員に対してSWPBSの概要を共有し，特に第1層支援の具体的な進め方について検討する。第1層支援においてまず行うべきことは，全ての教職員を対象として「児童生徒に期待する目標」について意見を出し合ってもらうことである。George et al.（2009）は，対象校の教職員にディスカッションをしてもらうことにより，最終的に3〜5つの「肯定文で記述された」目標にまとめることを推奨している。次に学校の実態を踏まえ，第1層支援の対象とする場所や場面を教職員に選定してもらう。さらに図3-1のように「児童生徒に期待する目標」と「対象

	ルールを守る	他者を大切にする	温かい言葉づかい
授業中	授業前に準備をする	話している人方へ身体を向ける	返事をきちんとする
体育館	使った道具を元の場所に片付ける	片付けに協力する	うまくいかなかった人を励ます
掃除	みんなで決めた手順で担当の役割を果たす	自分の担当分が終わったら他の人を手伝う	適切な指示の伝え方を使う
休み時間	チャイムが鳴ったらすぐに授業へ向かう	「適切な誘い方」と「適切な断り方」を使う	お礼とお詫びを適切に伝える
廊下	右側を走らずに歩く	道をゆずる	挨拶をする

全教職員の意見を集約しながら，①上段の「児童生徒に期待する目標」を設定，②左側の「対象とする場所や場面」を選定，③クロスする箇所に相当する具体的な標的行動を選定という手順で作成を進める

図3-1　標的行動マトリックス

とする場所や場面」がクロスする箇所に相当する具体的な標的行動を教職員に
選定してもらう。

　図3-1に示したマトリックスが完成したら，教職員に標的行動の優先順位に
ついて検討してもらい，それぞれ年度内のどの時期に取り組みを始めるのかと
いうスケジュールを立てる。選定された標的行動を児童生徒に口頭でただ伝え
るだけで児童生徒の行動が変容すると期待すべきではなく，また仮に変容した
としてもそれが維持すると期待するべきではない。教示（どのような行動が期
待されているのか，その行動を行うことがなぜ自分たちに必要なのかなどにつ
いて），モデリング，ロールプレイ，練習における標的行動に対する正の強化
と修正フィードバックなどといった手続きを児童生徒の実態に合わせ適切に組
み合わせて実際に練習を行うことが多くの場合必要である。全校集会などの機
会を利用すれば，全ての児童生徒を対象として一斉に教示や練習を行うことが
でき，教職員も共通認識を持ちやすい。また，各学級において定期的に復習を
行うことも有効である。可能であれば，これらの練習手続きの実施に児童生徒
を参加させる（例えば，児童会・生徒会の役割として位置づけるなど）ことも
児童生徒の自律性を高めることに繋がる。標的行動や練習したことのリマイン
ダーとして，ポスターなどを校内に掲示すると行動の維持に有効であるかもし
れない。

　標的行動の練習が十分に行われた次は，標的行動の生起頻度を高めるための
強化手続きを学校規模で考案する。教職員の中には，行動内在的な強化子では
ない付加的な強化子(例えば，トークンやお楽しみ活動の設定など)を随伴させ
ることに，しかもそれを学校規模で計画することに対して抵抗を感じる者もい
るかもしれない。しかし，標的行動に対して正の強化が随伴される仕組みが構
築されることによって，児童生徒の望ましい行動が繰り返されやすくなり，教
職員と児童生徒の注意が望ましい行動に向けられやすくなり，ポジティブな学
校風土が醸成され，懲罰的な対応に浪費する時間が減少する（Florida's PBS
Project, 2006）。

　第1層支援における強化子の例としては，社会的な承認，トークン，賞状，特
定の活動，名誉職的な特定の役割，課題や義務的役割の免除などが考えられる。
また，標的行動に関するデータが取られている場合は，それらのデータを児

学校コンサルテーションとSchool-wide Positive Behavior Support（SWPBS）第3章

童生徒に理解できるグラフなどに加工し，定期的にパフォーマンス・フィードバックを行うことも強化手続きとして有効である。

4 SWPBSにおける第2層支援

　前述したユニバーサルな第1層支援は，大部分の児童生徒に対して効果的であることが期待される。ただし様々な要因によって，より複雑な行動支援のニーズがある者は，第1層支援のみでは十分な効果が得られない場合がある。そのような児童生徒のニーズを把握し，より密度の高い付加的な支援を実施することが必要となる。

　SWPBSにおいては，このような第1層支援に続く付加的な介入が，第2層支援として位置づけられている。第2層支援は，第1層支援と関連づけられた特定の児童生徒を対象とするグループワイド・アプローチである。第2層支援は，第1層支援における標的行動の教示，練習，標的行動に対する強化をより詳細に，より高密度に実施する手続きである（Hawken, et al., 2009）。

　SWPBSにおける第2層支援の具体的な例としては，チェック＆コネクト（Sincair, et al., 2005），チェックイン・チェックアウト（Campbell, & Anderson, 2011），グループワイドな社会的スキル訓練（Lane, et al., 2003），就学前の子どもを対象とした「成功への第一歩」（Walker, et al., 1998）などが報告されており，いずれも複数の実証的な研究によって効果が示されている。

　第1層支援と第3層支援の間に位置づく第2層支援を系統的に遂行するために欠かすことのできないものが，データに基づいた意思決定である。すなわち，1）誰が第2層支援の対象となるのか，2）第2層支援が各対象児童生徒に対してどの程度効果的であったのか，3）誰を第3層支援に移行させる必要があるのか，4）誰を第2層支援の対象から外すのか，といった判断を継続的なモニターを行いながら，適切なタイミングで行わなくてはならない。先行研究においては，例えば教師による評価尺度のポイント，強化子として児童生徒が獲得したポイント，ODR(Office Discipline Referrals：児童生徒がルール違反を犯した際に，管理職がその一連の出来事を文書などの永続的な記録に残すという手続きであり，米国においては，その手続きから得られたデータは出欠記

録，成績，テストの点数などとともに学校によって日常的に収集され保管される），欠席，遅刻，ドロップアウト，学業成績，課題や提出物などに関するデータが意思決定を行うために活用されている。

5 SWPBSにおける第3層支援

第1層支援と第2層支援を実施しても十分な改善が認められなかった児童生徒に対しては，機能的アセスメントに基づく個別的な行動支援計画を立案することが必要となる。機能的アセスメントとは，問題行動の先行事象と結果事象に関する情報を集約することにより，その行動の機能を同定するプロセスである。問題行動の機能には，1）他者からの注目獲得，2）要求，3）逃避，4）感覚という4つのパターンがあり，行動支援計画はその問題行動の機能に対応して作成されなければならない。また，同じ型の行動であっても，複数の機能を有していれば，それぞれの機能に対応した行動支援計画をそれぞれ立案することが必要である。

機能的アセスメントにおける情報収集の方法としては，行動を直接観察する方法（行動の前後に起きていることを記述したり，実験的に環境を操作して仮説を検証する方法など）と，その標的行動について情報を持つ周囲の人々（対象児童生徒本人を含む場合もある）からその情報を集約する方法（質問紙やインタビューなど）の2つに大別することができる。具体的な方法はCrone and Horner（2003）にまとめられている。

6 SWPBSの成果と今後の課題

日本においてはSWPBSとして多層的な支援の効果を検討した研究はまだ見当たらない。一方で米国においては，ランダム化比較試験（RCT：Randomized Controlled Trial）による比較的大規模な効果検討がいくつか報告されている。例えば，Horner, et al.（2009）は，SWPBSを実施した群で，SWPBSの実行度，学校安全度に関する尺度，ODRの数，読みスキルのスコアのいずれも改善したことを報告している。また，Waasdorp, et al.（2012）は，SWPBS

を実施した群で，いじめや仲間はずれが減少したことを報告している。

　日本の学校においてSWPBSの導入を検討する際には，どのようなデータを意思決定の根拠とするかについて研究が必要である。米国において用いられることの多いODRは，日本の学校教育においてそのまま代替されるものが見当たらず，もしこれを評価指標や意思決定の指標として用いるのであれば，新たに行動の記録，記録の保管・管理，記録の活用のための役割やプロセスを考案しなければならない。

　以上，SWPBSについて解説してきた。SWPBSに関する組織づくり，仕組みづくり，教職員に対する研修，現場コーチングなど，行動コンサルタントに期待される役割は多岐に渡る。

【引用・参考文献】

Campbell, A., & Anderson, C. M. (2011). Check-in/check-out: a systematic evaluation and component analysis. Journal of Applied Behavior Analysis, 44(2), 315–326.

Crone, D. A., & Horner, R. H. (2003). *Building positive behavior support systems in schools: Functional behavioral assessment.* New York: The Guilford Press. （クローン D. A.・ホーナー R. H.（著）．野呂文行・大久保賢一・佐藤美幸・三田地真実（訳）．(2013)．スクールワイド PBS：学校全体で取り組むポジティブな行動支援　二瓶社）

Florida's PBS Project，2006

George, H.P., Kincaid, D., & Pollard-Sage, J. (2009). Primary tier interventions and supports. In W. Sailor, G. Dunlap, G. Sugai, & R. Horner (Eds.), Handbook of positive behavior support (pp.375-394). Lawrence, KS: Issues in Clinical Child Psychology.

Hawken, L. S., Adolphson, S. L., MacLeod, K. S., & Schumann, J. (2009). Secondary-tier interventions and supports. Handbook of Positive Behavior Support., 395–420.

Horner, R. H., Sugai, G., Smolkowski, K., Eber, L., Nakasato, J., Todd, A. W., & Esperanza, J. (2009). A Randomized, Wait-List Controlled Effectiveness Trial Assessing School-Wide Positive Behavior Support in Elementary Schools. Journal of Positive Behavior Interventions, 11, 133–144.

Lane, K. L., Wehby, J., Menzies, H. M., Doukas, G. L., Munton, S. M., & Gregg, R. M. (2003). Social Skills Instruction for Students At Risk for Antisocial Behavior: The Effects of Small-Group Instruction. Behavioral Disorders, 28, 229–248.

Sinclair, M. F., Christenson, S. L., & Thurlow, M. L. (2005). Promoting School Completion of Urban Secondary Youth With Emotional or Behavioral Disabilities. Exceptional Children, 71, 465–482.

Sugai, G., & Horner, R. H. (2009). Defining and describing schoolwide positive behavior support. Sailor, W., Dunlap, G., Sugai, G., Horner, R. H. (Ed.), Handbook of positive behavior support. New York: Springer Science + Business Media. Pp.307-326.

Waasdorp, T. E., Bradshaw, C. P., & Leaf, P. J. (2012). The Impact of Schoolwide Positive Behavioral Interventions and Supports on Bullying and Peer Rejection: A Randomized Controlled Effectiveness Trial. Archives of Pediatrics and Adolescent Medicine, 166, 149–156.

Walker, H. M., Kavanagh, K., Stiller, B., Golly, A., Severson, H. H., & Feil, E. G. (1998). First Step to Success: An Early Intervention Approach for Preventing School Antisocial Behavior. Journal of Emotional and Behavioral Disorders, 6, 66–80.

第4章

基礎学力向上のための
学校コンサルテーション

野田　航

1 学校が抱える学力問題と行動コンサルテーション

　学校コンサルテーションにおいてコンサルタントがコンサルティから相談される内容としては，授業参加ができないことや暴言・暴力などの行動問題が取り上げられることが多いが，実際には漢字の読み書きが定着しないことや算数の文章題が解けないなどの学力問題も同時に抱えていることが多い。行動問題があることによってうまく授業参加ができず，その結果として学力に課題を抱えることがある一方で，学習面での困難を背景として行動問題が生じていることも少なくない。本稿では，学力問題の中でも読み・書き・計算などの基礎学力に困難さを抱える児童生徒の支援に焦点を当て，学校コンサルテーションの分野で実証的な成果をあげている行動コンサルテーション（加藤・大石，2004）に基づく学習支援について紹介する。

2 行動コンサルテーションの流れ

　行動コンサルテーションは，応用行動分析学に基づくコンサルテーションモデルであり（加藤・大石，2004），クライアントの具体的な行動と環境との相互作用の観点から問題状況を分析し，解決を目指していく。行動コンサルテーションでは，コンサルタントとコンサルティは対象となる児童生徒の抱える問題に対して，問題の同定，問題の分析，指導介入の実施，指導介入の評価の4つのプロセスを通して解決を図っていく。

27

（1）問題の同定

　行動コンサルテーションでは，クライアントが抱える問題を具体的な行動として記述し，その行動に影響している環境要因を評価する。例えば，学級担任（コンサルティ）から児童生徒（クライアント）の学力問題について相談を受けた場合，その学力問題とは授業参加をしない（例：ノートを書かない）ことなのか，読み書き計算ができない（学業スキルの未獲得あるいは未習熟）ことなのかを明らかにしていく。その上で，それら具体的な行動に影響しているであろう環境要因（授業参加行動へのフィードバックの有無，学習課題の提示方法，学習課題の難易度など）についての情報を収集する。それらの情報を元に，改善すべき具体的な行動（標的行動）を決定する。学力問題が主訴の場合は，授業参加行動や具体的な学業スキル（読み書き計算など）が生じていないことが問題であり，これらの標的行動を増加させることが目標となる。

　標的行動を決める際に有効な方法の一つが課題分析である。課題分析とは，複雑な行動をその要素となっている部分に分けていくプロセスである。学業スキルは，一見単純なスキルのようでも実際には非常に複雑なスキルの組み合わせから構成されていることが少なくない。例えば，一言で「文章を読むスキル」といっても，平仮名を読むスキル，片仮名を読むスキル，漢字を読むスキル，語彙スキルなどの複数のスキルが含まれている。ある学業スキルが獲得されていない場合，それを構成する下位スキルを分析し，どの下位スキルが獲得されていないのかを把握し，標的行動として設定していくことが有効である。

　また，標的行動を決める際には，「本当にその標的行動はクライアントにとって今必要だろうか？」ということを十分に検討しなくてはならない。特に，クライアントが学習障害などの発達障害のある児童生徒であった場合，安易に今できていない学業スキルを標的行動として選んでしまうと，クライアントにとって負荷が高すぎる目標となってしまう可能性もある。その時々の指導目標を十分に考慮し，必要不可欠な学業スキルであると判断できた場合にのみ標的行動とするべきである。例えば，読み書き障害のあるクライアントに対して「文章を読む」スキルを標的行動とすることは，必ずしも最善の目標になるとは限らない。合理的配慮の観点から，ICT（Information and Communication

Technology）の活用による音声読み上げ機能による支援を行う方が適切である場合もある。学校コンサルテーションの中で対応可能な範囲を考慮し，クライアントにとってもコンサルティにとっても成功体験となることが期待されるような標的行動の設定が求められる。

標的行動が決まったら，その標的行動が現状どのぐらいの頻度で起こっているのかを記録する（ベースラインデータ）。また，標的行動がどのような状況で生じてどのような結果を伴っているのかということを記録していく（記述的アセスメント）。具体的な学業スキルのアセスメントの例としては，平仮名の読みに特化した多層指導モデルにおけるMIM-PM（multilayer instruction model-progress monitoring; 海津，2010）がある。MIM-PMは，特に特殊音節の正確かつ素早い読みに焦点を当てたアセスメントであり，2種類の課題から成る。それぞれ1分ずつで実施可能であり，反復して使用することで継続的な読みスキルの伸びを評価することができる。MIM-PMは算数版も開発されているが（海津，2016），小学1年生のデータしか公表されていない。一方，繰り返し使用して伸びを評価することができる学業スキルのアセスメントとしてはカリキュラムに基づく尺度（干川，2015）が注目されてきており，いくつかの取り組みも始まっている（野田，2017）。例えば，野田（2017）は算数の基礎スキルとして数の大小比較（2つの数字のうち大きい方に丸をつける），数系列（4つの数からなる数系列のうち1つが欠けており，そこを埋める），数的事実（1桁の計算）を取り上げ，それぞれ1分間で実施可能な課題を開発し，小学校の各学年段階における基準値を提案している。

（2）問題の分析

標的行動のベースラインデータおよび記述的アセスメントから，標的行動がなぜ十分に生じていないのかを分析する。例えば，授業参加行動が標的行動である場合，どのような状況においては授業参加行動が多く，どのような状況では少ないのか，授業参加行動には担任の賞賛やフィードバックが伴っているのかなどを分析していく。これまでの筆者の経験では，授業参加行動が少ないという問題の場合，実際にはクライアントはある程度授業参加行動をしているが，その授業参加行動に対して担任が賞賛やフィードバックをしていないという

ケースがかなり多い。このような場合，授業参加行動に対して系統的なフィードバックをするだけでも状況が改善されることが実証されている（例えば，庭山・松見，2016）。

　読み書き計算などの具体的な学業スキルが標的行動となった場合，学業スキルが獲得されていない，あるいは十分に習熟されていない理由を，スキルと環境との相互作用の観点から分析していく。学業スキルのアセスメントにおいては，スキル欠如と遂行欠如を区別することと，後述する指導の階層性に基づいた評価を行うことが有効である。

　スキル欠如と遂行欠如の区別は，Lentz（1988）が提案した考え方である。スキル欠如とは，学業スキルがまだ獲得されておらず，潜在的に効果的だと考えられる強化随伴性を設定したとしても，そもそもその学業スキルが実行できないことである。一方，遂行欠如は，学業スキルそのものは獲得されている（実行できる）が，効果的な強化随伴性がないためにしようとしないことである。例えば，文章も読めるし計算もできるクライアントが授業中に算数の文章問題に取り組まない場合，これは遂行欠如であると考えられ，文章問題を解くこと（課題従事行動）に対して賞賛やフィードバックを与えることで改善するかもしれない。一方，算数の文章問題に含まれる漢字が読めず，必要となる計算も解けない場合はスキル欠如であり，課題に取り組んでいることを賞賛するだけでは問題は解決しないだろう。スキル欠如の場合は，標的となる学業スキルを引き出すようなヒントを与えたり，解き方のモデルを実際に見せたりするなどの支援を行うことで問題が改善されると考えられる。

　学業スキルのアセスメントにおいて有効なもう一つの分析の枠組みが指導の階層性（Haring & Eaton, 1978, Martens & Witt, 2004）である。指導の階層性は，学習の段階に応じた指導法を選択していくための枠組みであり，前述のスキル欠如をさらに詳しく検討する際のガイドラインとして利用できる。学習の段階は，獲得段階，流暢性段階，般化段階，適用段階に分けられ，スキルの習熟はこの順に進んでいくと考えられている。それぞれの段階は，その段階における特定の指導要素と対応しており，スキルを引き出す工夫（先行事象の操作）と認める工夫（結果事象の操作）を組み合わせるための枠組みを提供する。

獲得段階では，新たに習得する学業スキルを手助けなしで正確に実行できるようになることが目標とされ，正答率が主な指標となる。この段階のスキルに対しては，正確なスキル実行をいかに引き出すかが重要である。そのため，実際に手本を見せたり，様々なプロンプト（言葉でヒントを与える，手を添えて一緒に動かすなど）を与えることで学業スキルを引き出し，正確さについて確実にフィードバックを与える。正確にスキルができるようになるにつれて，少しずつプロンプトを減らしていき，手助けなしでスキルが実行できるようになることを目指す。可能な限り間違いを起こさせないようにしながらスキルを獲得させることが重要なポイントとなる。

　流暢性段階の目標は，獲得した学業スキルを流暢に（正確かつスラスラと）実行できるようになることであり，単位時間あたりに正確に実行できたスキルの回数（例えば，1分間で正しく解けた掛け算の問題数）が主な指標となる。単に素早いだけで間違ってしまっては意味はなく，正確かつスラスラ実行できることが求められる。流暢性は，短時間の制限時間付きの練習を繰り返すことと流暢性（スピード）の向上に対するフィードバックによって効果的に向上させることができる。

　般化段階では，指導場面とは異なる環境においても正確かつ流暢なスキルの実行ができることが目標となる。般化を促進するためには，様々な教材や人，状況において獲得したスキルを使う機会を設定することが効果的である。ただし，学習開始当初からすぐに様々な場面を設定するのではなく，正確かつ流暢にスキルが実行できるようになった後に設定しないとあまり学習が生じないことも指摘されている（Martens & Witt, 2004）。

　適用段階は，獲得したスキルを新奇な環境において修正したり組み合わせたりすることができるようになることを目標としている。基礎となるスキルが正確かつ流暢になるまで習熟すると，複数の習熟したスキルを自動的に組み合わせることができたり，複雑なスキルの学習効率が向上したりすることが様々な研究から明らかになっている。例えば，Johnson and Street（2004）は，基礎学業スキルを流暢になるまで練習し，様々な場面で用いる経験を系統的にプログラムすることで大きな成果が得られることを示している。

　スキル欠如と遂行欠如の区別，指導の階層性に基づく学業スキルの評価を行

うことで，効果が見込める具体的な指導方法を検討することができる。

（3）指導介入の実施

　指導介入の実施段階では，問題の分析段階で検討された指導法を指導者が実際に実施していく。学校コンサルテーションにおいてクライアントに対する指導介入を行うのは，指導法を計画するコンサルタントではなくコンサルティであることが多いため，計画された指導介入が正確に実施されるかどうか（指導介入の整合性；野口・加藤，2010）が非常に重要な要素となる。指導介入の整合性を高めるためには，指導介入の具体的な方法についてコンサルティを直接的に訓練する，指導介入の実施マニュアルやチェックシートを配布する，正確な実施についてフィードバックを行うこと等が効果的である。学校コンサルテーションにおいては，指導介入を実施するコンサルティの指導行動（クライアントに対する指導介入の実施と評価）と環境との相互作用も十分に考慮し，コンサルティが効果的な指導介入を無理なく継続的に実施できるような環境を整えることがコンサルタントの重要な役割である。

（4）指導介入の評価

　指導介入の評価の段階では，実施された指導介入によって実際にクライアントの学業スキルに伸びがみられたのかを確認する。しかし，この評価のプロセスは指導介入実施の"後"ではなく，"同時"であることが重要である。つまり，指導介入を実施しながらリアルタイムで学業スキルの伸びを評価する（形成的評価）。そうしなければ，もしも指導介入に効果がなかった場合，指導時間が無駄になってしまう。できるだけリアルタイムで学業スキルの伸びを確認することでそのような問題を防ぐことができる。

　具体的な方法としては，前述のMIM-PMやカリキュラムに基づく尺度など，繰り返し測定可能なアセスメントをできるだけ定期的（例：1週間に1回）に実施し，実施した指導介入によって目標が達成できたか，目標期限内に達成できそうかを評価する。学業スキルに伸びがみられない場合や，伸びてはいるが目標期限内に指導目標が達成できそうにない（伸び率が十分でない）場合は，指導の追加や修正，指導目標の変更，標的行動の変更などの教育的意思決定を行っ

ていく。常にクライアントの行動データを評価しながら，柔軟にリアルタイムで指導介入を修正する（データに基づく意思決定）ことで，個々のクライアントに合わせた最善の成果を得ることが可能となる。

3 まとめ

　本稿では，基礎学力に困難を抱える児童生徒の支援に焦点を当て，行動コンサルテーションに基づくアプローチについて紹介した。獲得できていない，あるいは十分に習熟していない学業スキルが，どのような指導環境を整えることで伸びていくのかを，行動データと対話しながら検討していくことが行動コンサルテーションの要である。このような「データに基づく意思決定」を学校現場に定着させていくことが，今後の重要な課題である。

【引用文献】

Haring, N. G., & Eaton, M. D. (1978) Systematic instructional technology: An instructional hierarchy. In N. G. Haring, T. C. Lovitt, M. d. Eaton, & C. L. Hansen (Eds.), *The fourth R: Research in the classroom* (pp.23-40). Columbus, OH: Merrill.

干川　隆（2015）アメリカ合衆国におけるカリキュラムに基づく尺度（CBM）に関する研究動向：わが国での標準化に向けて．特殊教育学研究, 53, 261-273.

Johnson, K. R., & Street, E. M. (2004) *The Morningside model of generative instruction: What it means to leave no child behind*. Concord, MA: Cambridge Center for Behavioral Studies.

海津亜希子（編著）（2010）多層指導モデル MIM：読みのアセスメント・指導パッケージ．学研教育みらい.

海津亜希子（2016）算数につまずく可能性のある児童の早期把握：MIM-PM 算数版の開発．教育心理学研究, 64, 241-255.

加藤哲文・大石幸二（編著）（2004）特別支援教育を支える行動コンサルテーション：連携と協働を実現するためのシステムと技法．学苑社.

Lentz, F. E. (1988) Effective reading interventions in the regular classroom. In J. L. Graden, J. Zins, & M. J. Curtis (Eds.), *Alternative educational delivery systems: Enhancing instructional options for all students* (pp.351-370). Washington, DC: The National Association of School Psychologists.

Martens, B. K., & Witt, J. C. (2004) Competence, persistence, and success: The positive psychology of behavioral skill instruction. *Psychology in the Schools*, 41, 19-30.

庭山和貴・松見淳子（2016）自己記録手続きを用いた教師の言語賞賛の増加が児童の授業参加行動に及ぼす効果：担任教師によるクラスワイドな"褒めること"の効果．教育心理

学研究, 64, 598-609.

野田　航（2017）小学生の基礎算数スキル測定のためのカリキュラムに基づく測定（CBM）の開発．日本行動分析学会第 35 回年次大会発表論文集, 123.

野口和也・加藤哲文（2010）教育場面における行動コンサルテーションの介入の整合性の促進：フォローアップ方略の構成要素の検討．行動療法研究, 36, 147-158.

第5章

通常学級における
学校コンサルテーション

大対香奈子

1 通常学級の中で見られる問題行動

通常学級に在籍する児童生徒のうち，発達障害の可能性があり特別な支援を要する者は約6.5%いると報告されている（文部科学省，2012）。これは，40名学級だとすると学級に2～3名，特別な配慮の必要な児童がいるということになる。筆者自身がこの10年間ほど学校コンサルテーションに携わってきた経験からすると，もう少し広く「何かしらのサポートがあった方が学習も学校生活も今よりスムーズにできる」というレベルで見れば，学級の15～20%程度そのような児童が存在するように思われる。

これらの児童の問題行動の背景には，児童自身の発達的な特性ももちろんあるが，それ以外にも単純に経験不足によるスキルの未獲得，学校・教師側のマネジメントの問題，家庭での養育環境による影響など様々な要因が考えられる。また，問題行動はある特定の児童に「個別の問題」として生じている場合もあれば，「学級集団の問題」として生じている場合もあり，通常学級のコンサルテーションではその両方を扱うことになる。

（1）児童個別の問題

小学校の通常学級において見られる問題行動は非常に多様である（平澤・神野・廣嶌，2006；馬場・松見，2011）。例えば，「暴力」「興奮」「勝手な行動」といった他児童への学習上の妨害および危険性があり，学級担任の負担も大きくかつ改善が急がれる問題行動がある。それだけではなく，「取り組まない／指示・課題非従事」や「手遊び」「よそ見」といった妨害性や危険性という視点からは目立たない問題行動も多く見られる。また，これらの問題行動の中でも教

師が「最もやっかい」でかつ「最も頻繁だ」と感じるのは「勝手な発言」であるという報告もある (Clunies-Ross, Little, & Kienhuis, 2008)。特別な配慮が必要とされる児童には，これら複数の問題行動が同時に見られる場合が多い。

（2）学級集団としての問題

　特定の児童というよりは，学級集団として機能不全に陥ってしまう学級崩壊と呼ばれるような状態もある。この場合も，特に問題行動の顕著な児童がその中に含まれることはよくあることだが，その特定児童の問題行動にばかり対応してしまうことで返って学級集団の状態を悪化させることがある。学級崩壊に陥っている学級の児童は大きく3つのグループに分かれる。1つは，（1）でも述べたような問題行動が顕著に見られる児童グループである。もう1つは，学級がどんな状態であれ授業に参加できている児童グループである。このような児童も，問題行動が顕著な児童グループと同数ほどいることが多い。そして最も人数的に多くを占めるのが学級状態により流されてしまう児童グループである。このグループの児童は，学級が落ち着いている状態であれば落ち着いて授業に参加し，学級が騒がしくなると自分たちも一緒に騒ぎ出すため，この周囲に流されるグループの児童をいかに授業参加させるかが実は非常に重要である。問題行動が顕著な児童グループにばかり対応していると，その他の児童への対応が手薄になるため，この周囲に流される児童グループが途端に崩れ出し学級崩壊の一途をたどることになる。このように，学級集団としての問題の背景には，個別児童の問題行動に加え，教師のクラスルームマネジメントの問題も存在する。

2 通常学級のコンサルテーションにおけるアセスメント

　アセスメントでは，対象児童あるいは学級集団の問題行動（B：Behavior），その行動のきっかけとなった刺激や状況（A：Antecedent），その行動に続く結果事象（C：Consequence）という3つの情報を記録し整理する。このABCで問題行動を記述することはABC分析と呼ばれ（Bijou, Peterson, & Ault, 1968），行動の機能を同定するために行う機能的アセスメントの手続きとして

も用いられる。特にAとBの関係からは、問題行動がどのような状況で起きやすいのかという予測ができ、また、BとCの関係からは、行動がどのような機能で生起しているかという仮説を立てることができる。

　顕著な問題行動が見られる個別児童のアセスメントの場合、まずBとしてその行動を具体的に特定する。例えば、授業中に文脈に関係なくダジャレを大きな声で言うという行動が頻繁に見られる児童がいるとしよう（図5-1）。この時、Bは「授業中に教師の指示なく授業には関係のないこと（ダジャレ）を言う」となる。次に、Aとしてどのような場面・状況で勝手な発言が多く見られるのかを記述する。例えば、Aは各自でプリント課題に取り組む場面であったとする。Cはその行動が起こった時に、教師がそれにどのように対応していたか、また周囲の児童はどのような反応をしていたかである。この場合、脈絡なくダジャレを大きな声で言うと、周囲の児童はクスクスと笑ったり、教師が「〇〇さん、今はそんなことは言いません」と注意したりする。つまり、笑われたり注意されたりすることは、本人にとっては自分の行動に「注目してくれた」という好ましい結果となり、このようにCの部分に本人にとっての好ましい結果が伴うことで、問題行動は増えていくと考えられる。

　学級集団の問題についても、同様の方法でアセスメントを行う。ただし、学級集団の場合はBが集団としての行動になる。例えば、授業中に私語が多く見られるという問題を扱ってみることにしよう（図5-2）。Bは複数の児童が行う

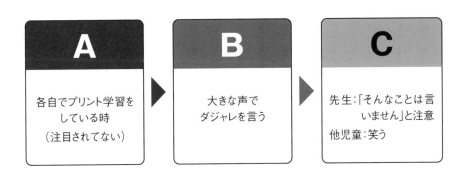

図5-1　個別児童の問題行動についてのABC分析

授業中の私語となる。次に，私語がどのような状況の時によく起こっているのかというAを同定する。Aは授業形態として，教師が手を挙げた児童を一人あて，その一人が発表するということを繰り返している状況だとする。この場合，あてられ発表している児童以外は「聞いている」だけの時間となり，それが何度も繰り返されると積極的に手を挙げて参加をしない限り聞いているだけの時間が長くなっていく。そこで退屈してくる児童が出てきた場合，隣の子と話すといった「より楽しいこと」を求める。そこで，Bとしての私語が学級のあちこちで起こり始め，その結果としてのCは退屈しのぎになる，あるいは「楽しい！」ということになる。

このように，対象が個別の児童であっても学級集団であっても，アセスメントの方法は同じであり，問題となる行動（B）のきっかけとなる状況・場面（A）を同定し，またその行動の結果（C）としてどのような「本人にとっての好ましい事態」が起こっているのかを同定するのである。個別児童の問題であっても問題行動は通常学級の中で起こっているため，AやCは，特定児童に向けられた教師の働きかけや対応だけとは限らず，学級全体に向けた指導がAやCとなる場合もある。また，学級集団の問題に関しては，教師のクラスルームマネジメントの仕方がAやCにあたるため，学級集団の問題解決にはマネジメントのスタイルを転換させる必要が出てくる場合も多い。

図5-2　学級集団の問題行動についてのABC分析

通常学級における学校コンサルテーション 第5章

3 通常学級における問題行動への支援方法

（1）児童個別の問題への支援

　個別児童が示す顕著な問題行動に対する支援では，機能的アセスメントに基づき問題行動がどのような機能で起こっているのかを同定するところから始める。行動の代表的な機能は，『注目の獲得』，『物／活動の要求』，『課題などからの逃避／回避』，『感覚の獲得』の4つあるとされている（Horner, 1994）。例えば，図5-1の「大きな声でダジャレを言う」という問題行動は，先生や周囲の児童がその行動に注目することがCとなっていた。つまり，注目の獲得という機能によって維持されている問題行動と言える。したがって，この児童に対する支援では，より適切な形での授業参加行動（例えば，静かに課題プリントをやる）を引き出しその行動に対して注目することで，不適切な「ダジャレを言う」という行動は減っていくことが考えられる。

　このように，支援では問題行動の代わりとなる，より適切な行動を増やすわけだが，そのためには適切な行動を引き出すAの手だてと，適切な行動が見られた場合にそれに対して賞賛や承認といったポジティブなフィードバックをするCの手だてが必要になる。例えば，Aの手立てとしては対象児童にとって取り組みやすい課題を提示することや，決まった時間静かに取り組むという目標を設定することで，適切な行動が引き出されやすくなる。また，課題に静かに取り組んでいる時にたくさん注目を与え，賞賛することがCの手立てとなる。

　ここで，個別児童の問題の場合，学級全体に対する指導とは別に対象児童に個別の対応をしなくてはいけないと考えてしまうかもしれないが，通常学級で行う支援の場合，AやCの手立てを学級全体の指導と共通した形で行うことや，他児童にうまくAやCの手立てを実施してもらうことも可能である。例えば，各自で課題に取り組むのではなく，授業の設定そのものを「隣同士のペアで問題を出し合う」という形にしてしまう（Aの手立て）。そこで課題に取り組んでいることに注目して褒め，問題に正解した場合にはペアの相手から拍手をしてもらえるようにする(Cの手立て)。このように適切に行動する機会をできるだけ多く設定し，それに対して教師や他の児童からたくさん賞賛や承認がもらえ

るように環境を整えることが重要である。それは必ずしも個別対応の中だけではなく，授業づくりや学級づくりの中でも十分に実現が可能である。

（2）学級への支援としてのクラスルームマネジメント

　私語がおさまらない，子ども同士のトラブルが多発する，授業に参加せずに関係のないことをしている児童が複数いる，といった学級集団として機能不全に陥っている場合には学級経営の立て直しが必要になるため，コンサルテーションの対象は児童ではなく教師の行動が中心となる。クラスルームマネジメントの手法のいくつかは，その効果が科学的にも実証されている（Simonsen et al., 2008）。例えば，教師が賞賛する際には「すごい！」「えらい！」といった褒め方ではなく，「前を向いて話が聞けてすばらしい」と具体的に行動を挙げながら褒めることが効果的であり，さらに「待ち」の時間を最小限にして子どもが能動的に反応する機会を多く設定するほど，授業参加が高まるとされている。また賞賛と叱責の比は5：1であることが理想とされており，教師の賞賛と叱責の比が5：1に近づくほど子どもの問題行動が減少したことを示す研究もある（Cook et al., 2017）。

　例えば，図5-2に示したような学級の場合，児童全員が参加できる授業形態に変えることや（Aの手立て），静かに話を聞けている時に積極的に褒めること（Cの手立て）で学級全体がぐっと落ち着くことが多い。このように，効果的とされているクラスルームマネジメントを実践することは，問題行動が起こりにくい学級づくりにもつながる。個別児童の問題行動から学級集団としての問題へ発展していくことを防ぐためにも，まずは学級を安定した状態に整えることが重要であるため，通常学級のコンサルテーションの際には教師のクラスルームマネジメントのアセスメントも同時に行い，そこで整えるべき点はないかを確認しておくことも必要である。

４　通常学級でのコンサルテーションにおける留意点

　通常学級のコンサルテーションの場合，教師の対応やクラスルームマネジメントの仕方に介入していくことが中心になるため，いかに教師にとって「やっ

てみよう」と思える言い方，内容で伝えるかが大切になってくる。また，教師の行動が最も効果的に変わるのは，実行したことが子どもの行動の改善という成果につながった時である。そのためにも，提案する内容は具体的で実行しやすく，またその成果が出やすいものを最優先にし，教師の成功体験につなげることが重要である。通常学級のコンサルテーションでは子どもだけではなく教師もその対象であるため，コンサルタントは子どもと教師の両方が笑顔になることを目指して支援していけるよう，常に心がけてほしい。

　教師に成果を感じてもらうための一つの方法が，データをとるということである。特に行動に注目をしてデータを取るということや，データに基づく評価を行うことは学校では習慣化されていないため，コンサルテーションでは教師にとってできるだけ負担の少ない記録の取り方や，そのデータに基づく評価の仕方についても具体的に呈示していく必要がある。なんとなく「やった気になる」「良くなったような気がする」という主観に頼った評価の仕方ではなく，データに基づいて評価を行うことは本当に効果的な支援行うためには必須条件だと言える。また，昨今の学校教育の場ではチームを組んで支援体制を整える場合も増えてきていることから，データを扱うことはチーム内での情報共有にも有効である。

【引用文献】

馬場ちはる・松見淳子（2011）．応用行動分析学に基づく通常学級における支援についての実践的検討　人文論究, 61, 100-114.

Bijou, S.W., Peterson, R. F., & Ault, M. H. (1968). A method to integrate descriptive and experimental field studies at the level of data and empirical concepts. *Journal of Applied Behavior Analysis*, 1, 175-191.

Clunies-Ross, P., Little, E., & Kienhuis, M. (2008). Self-reported and actual use of proactive and reactive classroom management strategies and their relationship with teacher stress and student behavior. *Education Psychology*, 28, 693-710.

Cook, C. R., Grady, E. A., Long, A.C., Renshaw, T., Codding, R. S., Fiat, A., & Larson, M. (2017). Evaluating the impact of increasing general education teachers' ratio of positive-to-negative interactions on students' classroom behavior. *Journal of Positive Behavior Interventions*, 19, 67-77.

平澤紀子・神野幸雄・廣嶌忍（2006）．小学校通常学級に在籍する軽度発達障害児の行動面の調査　－学年・診断からみた最も気になる・困った行動の特徴について－　岐阜大学教育学部研究報告, 55, 227-232.

Horner, R. H. (1994). Functional assessment: Contributions and future directions. *Journal of Applied Behavior Analysis*, 27, 401-404.

文部科学省（2012）．通常の学級に在籍する発達障害の可能性のある特別な教育的支援を必要とする児童生徒についての調査結果について （http://www.mext.go.jp/a_menu/shotou/tokubetu/material/__icsFiles/afieldfile/2012/12/10/1328729_01.pdf ） （2018年1月29日）

Simonsen, B., Fairbanks, S., Briesch, A., Diane, M., & Sugai, G. (2008). Evidence-based practices in classroom management: Considerations for research to practice. *Education and Treatment of Children*, 31, 351-380.

第6章

特別支援学校における
学校コンサルテーション

田中清章

1 徳島県での取り組み

　徳島県教育委員会（以下，「徳島県」と記す）では，特別支援学校教員の専門性や実践力向上を図るため，特別支援学校の小学部，中学部，高等部，寄宿舎において事例研究を中心とした学校コンサルテーション事業を実施している。

　学校コンサルテーション事業では，年間1回のみの実施であれば，教員は「児童生徒の特性や対応方法が理解できた」というレベルにとどまり，学んだ専門的知識を日頃の実践に活かすことは難しかった。しかし，年間2回の学校コンサルテーションを行うことで，1回目に専門家からのアドバイスを受けて指導目標や手立てを見直し，それに基づいて実践したことについて，2回目にその指導効果を検証することができ，より効率的な指導が定着していく。このような体制をシステム化することで，教員が児童生徒に「教える」スキルの向上を図ることができるようになった。

　2015（平成27）年度からは，これまで徳島県の特別支援教育に関わってきた教育分野の若手研究者で構成する発達障がい教育・自立促進アドバイザーチーム（以下「アドバイザー」と記す）を設置し，アドバイザーと協働する中で，学校コンサルテーションのシステム化を進めてきた。

　事例研究に取り組む目的は，児童生徒への指導を進めながら，その児童生徒に対して効果的な指導方法や支援方法を見つけるための，知識や技能を習得することである。そのために，児童生徒の指導目標に関する記録を取り，指導方法や支援方法がねらい通りに成果を上げているかどうかを確認しながら取り組むことが重要である。このように記録を取り，記録に基づいて指導や支援を改善していく方法を学ぶことで，教員はそれを他の児童生徒の指導にも活かせる

ようになると期待できる。目の前にいる児童生徒の指導を行いながら，すべての児童生徒の指導に通じる教員としてのマネジメント能力を伸ばすことにもつながる。

2 徳島県における学校コンサルテーション

（1）学校コンサルテーションの流れ

　徳島県における学校コンサルテーションの1年間の流れを表6-1に示す。

　学校コンサルテーション開始前に事例研究担当の管理職と校内担当リーダー（以下「担当リーダー」と記す）を決定し，校内での調整やアドバイザーとのやりとりを一本化し，事例研究を校内で組織的に取り組めるようにしている。

　徳島県の事例研究では，実践校が「児童生徒の実態」や「指導方法等について」，「具体的な相談内容」，「指導目標案」，「指導目標の現状の記録」等を記した「実践研究計画書」を作成し，徳島県とアドバイザーに事前提出をしている。

（2）担当リーダーの役割と支援体制について

　担当リーダーの役割は，アドバイザーに事例研究の説明を行ったり，事例研究を行う教員（以下「事例研究メンバー」と記す）に指導助言を行ったりし，各事例研究の進捗状況を把握することである。担当リーダーは，校内での事例研究を選定する際，「多くの教員が同じような内容で困っているか」，「多くの教員が関わることができるような内容か」，「緊急性，重要性が高いか」等について配慮し，決定する。さらに担当リーダーは，コンサルテーションの波及効果を高めるために，同じ悩みを持っている教員同士で実践研究メンバーを組織したり，校内会議等で事例研究の成果を定期的に報告する機会を作ったりすることで，校内での支援体制を構築する。そして，このような支援体制の中で事例研究を進めていくことで，事例研究メンバーのモチベーションを高められるようにしている。事例研究推進の核となる担当リーダーを中心とした支援体制を，図6-1に示す。

特別支援学校における学校コンサルテーション 第6章

表6-1　学校コンサルテーションの1年間の流れ

時期	内容	主な担当
4月	学校コンサルテーション実施校の公募	徳島県
5月	学校コンサルテーションの申し込み	特別支援学校管理職
6月	学校コンサルテーション実施校の決定	徳島県
6月	事前準備（研究計画書） ・指導目標案の決定 ・指導目標案の指導実施前の記録を取る	校内担当リーダー 事例研究メンバー 〃
6月	第1回学校コンサルテーション ・アドバイザーによる授業観察 ・指導目標案と指導の手だてへの助言	校内担当リーダー アドバイザー 〃
6月〜10月	見直した指導目標で実践開始	事例研究メンバー
	事例研究の進捗状況の把握	校内担当リーダー
	指導の記録を整理しグラフ化	事例研究メンバー
11月	第2回学校コンサルテーション ・アドバイザーによる授業観察 ・実践の経過をアドバイザーに報告 ・指導の成果について助言	校内担当リーダー アドバイザー 事例研究メンバー アドバイザー
11月〜1月	助言を受けた内容で実践開始	事例研究メンバー
	事例研究の成果を校内で共有するための研修を実施	校内担当リーダー
2月	成果報告会の開催	徳島県
	事例研究の発表	事例研究メンバー
3月	徳島県立総合教育センターのホームページに事例研究成果を公開	徳島県

3　学校コンサルテーションの実施

(1) e-ラーニング研修支援システムを活用した事前研修

　徳島県では，事例研究に取り組む教員が事前に基本的な知識や事例研究に取り組む意義を学べるように，e-ラーニング研修支援システムを活用し，事前課題を作成した。事例研究に関する知識，障害に関する基礎知識，個別の指導計画における指導目標の具体化，行動分析学の基礎など計830問が掲載されており（http://manabinohiroba.tokushima-ec.ed.jp/），県内外の誰もがアクセスできる。徳島県立総合教育センターホームページ内「特別支援まなびの広場」に公開し，クイズ形式で初心者でも特別支援教育の意義や知識を楽しく学べるようになっている。

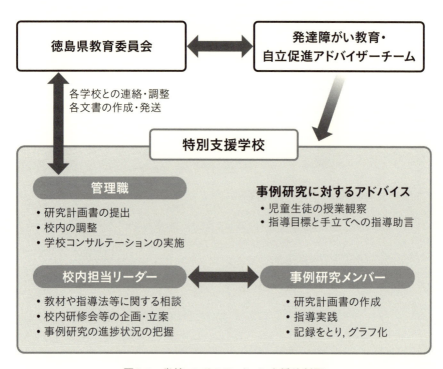

図6-1　学校コンサルテーション支援体制図

（2）指導目標案の決定と記録

　事例研究メンバーは，担当リーダーの支援を受けながら，1回目のコンサルテーション実施2週間前までに，対象児童生徒の指導目標案を作成し，指導目標についての記録の方法を決めておく。この記録方法に基づいて，指導後の効果を確認するために，指導開始前の記録を取っておく（これを「ベースライン」の測定と言う）。ベースラインの測定を行うと，指導目標が既に達成できている場合も考えられる。その場合についても，2週間という時間を設けているので第1回コンサルテーション当日までに再度別の指導目標を設定し，記録を取ることができる。この指導目標は「○○できる」，「○○する」という肯定形の表現で立案し，数値を入れたり，観察できる事象を入れたりするなど，具体的に記述して客観的な評価ができるようにすることが非常に重要である。

（3）第1回コンサルテーション

　アドバイザーは，コンサルテーションでベースラインの記録や児童生徒の様子を観察し，実態に応じた目標と手立てになるよう指導助言を行う。担当リーダーは，終日アドバイザーと一緒にそれぞれの指導場面を観察し，事例研究検討会で全体を把握し，その後の実践においての相談役になる。

　事例研究メンバーは，1回目のコンサルテーション後，アドバイスをもとに必要であれば指導目標を見直し，指導の手続きを決定し，記録をつけながら指導を行う。しかし，アドバイザーからの指導助言が十分に理解されていない場合もあるため，担当リーダーはコンサルテーション終了後の早い時期に指導助言内容（指導目標の変更や，指導の手続き）について再確認し，事例研究メンバー全員で共通理解を図ることが大切である。また，担当リーダーは，学部会等を利用し，事例研究メンバーが定期的に実践研究の進捗状況を全体に報告できる機会を設けるなど，学部内の共通理解を図って実践できるようにすることも重要な役割の1つである。

（4）第2回コンサルテーション

　事例研究メンバーは，これまでの指導の記録をグラフ化し，アドバイザーに

報告するための資料作成を行う。アドバイザーは，第1回コンサルテーション以降の指導の記録や指導方法を確認したり，児童生徒の様子を観察したりして，事例研究の評価と今後の指導についてのアドバイスを行う。

第2回コンサルテーションで特に重要なのが記録である。指導の成果をグラフ化することで，複数の教員で指導目標についての評価を共有することができ，指導の成果がみられない場合でも，記録をもとに変化が起きない原因を推定し，指導方法を変更してさらに指導や支援を進めていくことができる。事例研究メンバーや担当リーダーがチーム一丸となって取り組み，児童生徒の「できた！」，「分かった！」が教員の喜びになるようなチームに導くことが成功の鍵である。担当リーダーは，事例研究メンバーが第2回コンサルテーションを終えた時には，「事例研究をして良かった」と思えるようなコンサルテーションになるように，記録をもとに助言したり，事例研究メンバーの適切な指導に対して適宜フィードバックを行ったりすることが何より大切である。

（5）事例研究における成果の共有

事例研究報告書の様式を表6-2に示す。事例研究における成果は，徳島県が主催する報告会でのポスター発表や公式ウェブ上で報告している。そうすることで，同じような課題に取り組んでいる他の教員に情報を提供し，教員だけではなく，その他の児童生徒への指導も改善していくことが期待できるからである。公の場面で発表することになると手間もプレッシャーもかかるが，自らの事例研究を振り返る機会になったり，他の教員へわかりやすく説明するためのコミュニケーションスキルが磨かれるなど，教員としての総合的な力量向上につながるメリットもある。また，事例研究成果の発表原稿や資料を作成する時は，事例研究メンバーの負担を少なくし，資料を作成する際のポイントを絞りやすくするため，統一の様式を活用している。また，発表を聞く側も同じポイントで発表を聞くことができるため，情報を整理しやすくなる。徳島県で実施されている報告会のポスター発表では，各特別支援学校の担当リーダーを中心とした「チーム作り」の工夫（自主チーム，学年団，学部チーム，放課後研修の工夫）や実態把握と指導目標の選定方法（課題分析や機能分析等の活用），記録の取り方や工夫（簡単に記録を取るためのアイデア）などについて，事例研

表6-2 事例研究報告書の様式

1　**事例研究名**
　　特別支援学校高等部生徒に〇〇のスキルを教える。

2　**保護者の願いと教員の考え**
　　保護者の願いや事例研究に取り組む前の教員の考えを記入する。

3　**児童生徒の実態**
　　指導目標に係る必要事項を記入する。

4　**アドバイザーからの助言**
　　アドバイザーの助言を受け，事例研究に導入した助言を記入する。

5　**指導目標の見直し**
　　アドバイザーの助言を受け，見直した指導目標と理由を記入する。

6　**記録方法と記録**
　　指導の効果を確認するために，指導目標がどのくらいできるようになったかを記録する方法を記入する。

7　**指導方法**
　　実施した指導の手だてを記入する。

8　**指導の成果**
　　指導前の記録と指導後の成果が分かるように記録をグラフ化し，結果を記入する。

9　**ここが成功のポイント**
　　事例研究メンバーが考えた成功ポイントを2つから3つ記入する。

究メンバーが重点的に発表を行っている。平成27年度から取り組んだ事例研究の成果は，徳島県立総合教育センターホームページ内「特別支援まなびの広場」（図6-2）に公開している（http://manabinohiroba.tokushima-ec.ed.jp/：2018年1月現在の事例研究公開数は38事例）。

4 まとめ

　事例研究を行う教員は，児童生徒への実際の指導を通して，多くの人からアドバイスをもらいながら指導方法等について学ぶことができたり，文献や研修

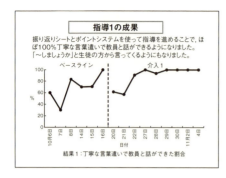

図6-2 事例研究ポスター発表例(一部抜粋)

会で得た知識を実際の指導の場で実践的に考えたり，試したりする機会を得ることができる。また，記録に基づいて指導の効果を確認し，授業改善を行うことができるようになる。

徳島県が行った学校コンサルテーションの成果として，グラフ等で示した記録に基づく授業改善や各校に事例研究をサポートできる人材（担当リーダー）の育成，チームで取り組む学校の増加等があげられる。また，e-ラーニング研修支援システムを活用することで，事例研究の意義，指導目標の具体化や行動の基本原理等をネット上でいつでもどこでも学べるようになった。さらに，これまでに行った事例研究もポスター発表形式でホームページに公開されており，過去に実施された事例研究をいつでも閲覧・活用できるようになっている。

今後，児童生徒の行動変容が，教員の大きな喜びになり，学校コンサルテーションをやってみたいという教員を増やすための環境設定が求められる。

【参考文献】
島宗理監修（2017）　徳島県教育委員会「特別支援まなびの広場」e-ラーニング研修支援システム：事例研究の基礎　http://manabinohiroba.tokushima-ec.ed.jp/
奥田健次（2011）叱りゼロで「自分からやる子」に育てる本．大和書房．

第**7**章

保育所や幼稚園に対する
コンサルテーション

猪子秀太郎

1 保育所や幼稚園に対するコンサルテーションの特徴

　近年，「発達障害」に関する法及び制度の整備や社会啓発に伴って，保育所や幼稚園（以下，保育所等と記す）におけるコンサルテーションにおいて発達障害またはその疑いのある幼児が対象となることが非常に多くなった。筆者も，この20年ほど保育士や幼稚園教諭（以下，保育士等と記す）に対するコンサルテーションや研修に取り組んできた。保育所等におけるコンサルテーションの基本的な考え方は，他の学校現場の場合と変わらないが，保育現場や幼児の特徴を踏まえて進める必要がある。

　保育現場の特徴としては，保育士等は多様な業務を抱えており特別な指導や記録にエネルギーを割けないこと，指導者間で発達障害や指導法の知識に差がある場合が多いこと，保育所等の日課には自由時間が多く様々な不適切な行動が発生しやすい環境があること，幼児は言語発達が十分でなく「言い聞かせる」「ルールを守らせる」といった指導がうまくいかない場合が多いこと，等が挙げられる。

　コンサルテーションは貴重な現任訓練（On the Job Training；以下，OJTと記す）の機会であり，取り上げられた事例の改善もさることながら，助言を受けて実践に取り組む保育士等の指導力の向上が大切な目標となる。筆者の場合，保育士等と一緒に2～3週間程度で終了できる程度の指導計画を立案し，実際に指導を行うと同時に記録を取ってもらい，指導記録に基づいた助言を行う形でコンサルテーションを進めてきた。それを通じて，保育士等が自ら指導計画を立案し，指導記録をもとに自らの指導を改善できる力をつけることを目指している。

2 事前研修内容とコンサルテーションのポイント

　筆者のコンサルテーションでは，可能な限り指導計画立案のための事前研修を行うとともに，実際の指導が終了するまでに複数回の記録確認とフィードバックを行う。次に，指導計画立案のための事前研修の内容を示しながら，保育所等におけるコンサルテーションのポイントを解説する。

　以下の（1）〜（6）は，筆者が行う事前研修の内容である。これらの内容は，もし予算やスケジュール等の制約により事前研修が実施できない場合においても，初回のコンサルテーションに必須となる指導計画立案のための留意点として活用できる。

　研修では，一方的な知識の伝達ではなく，受講者同士がグループ協議を通して複数の答えを考え出すための演習を重視する。また，受講者に行動分析学の基礎知識がなくても，既有の知識や技能を使って発達障害児の指導計画立案ができるための内容で構成していることも特徴である。これは，OJT としてのコンサルテーションの最終目標が，保育士等が自ら発達障害児の指導を考え，実践し，結果に基づき改善できる力を習得することを目指しているからである。

（1）発達障害の特性や指導法に関する知識

　発達障害の中でも，自閉症スペクトラム障害（ASD）及び注意欠陥多動性障害（ADHD）は，保育所等で相談事例になりやすい幼児の気になる行動と最も関連の深い障害である。指導計画立案に着手する前に，これらの障害特性と指導法を説明することが望ましい。事前研修が実施できない時にも，対象となる幼児の実態を聞き取りながら，障害特性の理解に結びつくような解説を行う。これにより，指導に当たる関係者全員が幼児の気になる行動を同じ視点で理解することができる。

（2）問題の絞り込みと指導目標の記述

　多くの場合，保育士等は，複数の気になる幼児について複雑に絡み合った問題を抱えており，「どこから手をつけたら良いのか分からない」と感じている。

研修では一人の幼児を選んだ上で、保育士等が問題と感じていることを箇条書きに書き出してもらう。頭の中の問題を紙に書き出すことで、自分が悩んでいることを客観視できたり、着手点が発見できたりする。コンサルテーションでの聞き取りの際にも、保育士等の訴えを全て紙に書き出すことで、解決すべき問題が明確になる。

次に、問題には「望ましくない行動が減らない（例：暴れることや暴言が減らないなど）」タイプと「望ましい行動が増えない（例：片付けができない、シートベルトをしないなど）」タイプの2種類があることを説明し、書き出した問題を2タイプに分類する（図7-1）。

さらに、記述の中から「指導者も子どもも、少しがんばればできそうな問題」を選ぶ。これは、後の実践を成功させ、子どもも指導者も「うまくいく循環」を引き出す可能性を高める上で重要なポイントである。

続いて、問題を「片付けすることを増やす」「けんかすることを減らす」のように、「問題となる行動を増減させる」という単純な形の指導目標として記述する。特に、「望ましくない行動を減らす」タイプの目標については、必ず「その場面での望ましい行動を増やす目標」も同時に設定するように助言する（例：「自由時間のけんかを減らす」に対して「自由時間に遊ぶことを増やす」）。

問題の分類

1. 望ましくない行動が減らないタイプ

望ましくない行動 ＝ 減らしたい行動

あばれる

2. 望ましい行動が増えないタイプ

望ましい行動 ＝ 増やしたい行動

シートベルトをする

図7-1　問題を2つのタイプに分類する

（3）抽象具体分析

　保育士等が感じている問題をそのまま書き出してみると，表現が抽象的であり問題が生じる場面や幼児の行動が特定できていないことが多い。目標が抽象的であると，教える場面や指導方法が明確に設定できず，評価も曖昧になりやすい。

　研修では，「抽象具体分析」として抽象的な目標を複数の具体目標に書き換える演習を行う。その際，具体的であることの条件として「見ること，聞くことができる」「頻度や時間が測定できる」「誰が見ても〇×が明らか」の3つを挙げている。その上で，図7-2のように「生活に見通しを持つ」という抽象的な目標を，複数の具体的目標に書き下ろす作業を行う。

　コンサルテーションにおいても，保育士等の訴えから抽象的な表現を見つけた際は，その具体的な状況を聞き出すことにより，指導場面や標的行動を絞り込むことが大切である。

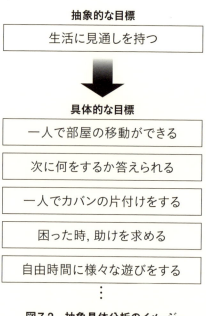

図7-2　抽象具体分析のイメージ

(4) 問題行動の原因推定と解決策立案

次に，指導に取り上げる問題行動について情報収集を行う。情報収集の内容は，「いつから（歴史）」「どのぐらい（頻度，持続時間など）」「どのような時に（場所，時間，相手など）」等である。これにより，前項で取り上げた抽象具体分析も一層進む場合が多い。

情報収集の後，問題行動の原因をできるだけ数多く推定し，箇条書きする（図7-3の中央の表）。ここで大切なのは，まず最初に「質より量」を重視することで，研修では「多少疑わしいものも許容する」「たくさん書き出したチームの勝ち」といった設定をする。コンサルテーションにおいても，保育士等に原因推定を促し，問題解決に至るステップを書き出す力を高めるようにすることが重要である。

次に，図7-3の左右の余白に示したように，書き出した原因に対応する解決策をできるだけ数多く書き込む。研修では「解決策を赤ペンで書く」ようにして，「赤い文字」が増えることで立案行動が強化される工夫を行っている。また，

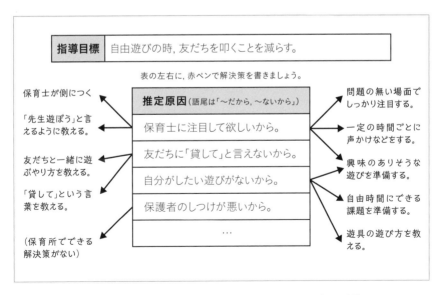

図7-3　原因推定と解決策立案のための演習シート（記入例）

表7-1 個別の指導計画（作成例）

短期目標	指導の手立て	備考
自由時間に「先生遊ぼう」と言うことを増やす。	・保育士が先に「先生遊ぼう」と手本を言って，真似させる。手本は，次第に減らしていく。	・友だちを叩いた時の指導は従来と同じ。
自由時間に友だちを叩くことを減らす。	・言えたら大げさにほめ，本児の好きな遊びで十分に遊ぶ。	・「先生遊ぼう」といった回数，友だちを叩いた回数を記録する。

「保護者の対応が不十分」「担任の指導力不足」「自閉症だから」など原因を個人や障害に帰属させたものは，即時性のある解決策が設定しにくい。そうしたものについては，あっさり考えるのをやめてしまうことを推奨する。

　最後に，書き出した原因や解決策をもとに，指導場面や手立てを特定した指導計画を立案する（表7-1）。

（5）肯定的支援の重要性

　幼児の「望ましい行動」を増やす指導計画では，行動の直後に「好子（幼児にとって何か良いこと）」を出現させる設定が大切である。研修では，「ほめ言葉さがし」「言葉以外でほめる方法さがし」など，幼児の好子を数多く見つけるための演習を行う。コンサルテーションにおいても，保育士等の聞き取りの中から対象児の好子と思われるものを複数書き出しておく（表7-2）。書き出した好子の中で指導場面に使えるものを選択し，指導計画の中に導入する。

（6）記録表の作成

　一連の指導計画書式の中で，最も重要なものが指導の記録表である。幼児の行動をどのような観点で観察し，評価するかが明確になって初めて，保育士等は責任感を持って実践に取りかかることができる。保育士等が使える指導の記録表を作成することは，コンサルタントの最も大切な役割である。

　研修では，数字や正の字での頻度記録や，○×などの記号による達成記録など，できるだけ客観的な記録が取れる様式の作成演習を行う。記録表の作成に

保育所や幼稚園に対するコンサルテーション 第7章

表7-2 好子のチェックリスト（記入例）

聞き取り項目	好子と思われる事物（例）
食物や飲み物	クッキー, お茶, 水
感覚刺激	揺れ, 音楽, 穴あきボードを見ること
遊具などの物	ブランコ, 調理器具
好きな活動	音楽を聴く, ブランコに乗る
好きな人	A君, T先生
注目やほめ言葉等	（ほめてもあまり効果なし）
暇な時の行動	紙を破いている
こだわり	紙破り, 身体を揺らす
その他	嫌いな曲がある

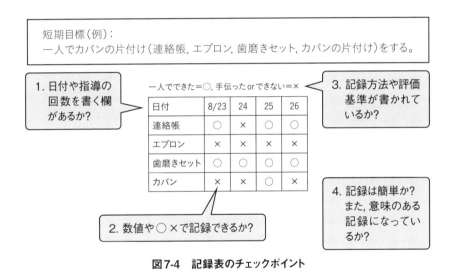

図7-4 記録表のチェックポイント

おけるチェックポイントを図7-4に示した。この他に，指導記録を取る時には，指導の現場で即時に記録すること，そのためには現場に記録用紙や鉛筆を準備すること，数値等の記録以外に特記事項などの記述も大切であること，記録は手書きで十分であり改めて清書する必要はないこと等のポイントを伝えておく

ことも重要である。

指導内容によっては，どうしても文章による記録を取らなければいけない場合もあるが，その時には，コンサルタントが記述データを質的に分類して比較するなど，指導効果が客観的に判断しやすい形式に置き換えて示す等の工夫が大切である。

コンサルテーションでは，すぐに立案した指導の手立てを実行するのではなく，必ず一定期間，指導介入前の記録（ベースライン記録）を取るように助言する。ベースラインと指導期の記録を比較することによってはじめて，指導の効果や改善点が明らかになるからである。

3 指導記録の確認とフィードバック

コンサルテーションが開始された後は，1～2週間ごとに指導記録を確認することが重要である。このため，初回のコンサルテーションで記録表を手渡すと同時に，記録の確認方法や時期について約束しておく。保育所等を訪問して記録が確認できれば理想的であるが，実際にはそうした時間が取れないことの方が多い。そのため，電子メールやファックスなどの方法を用いて記録の確認が行えるように，あらかじめ打ち合わせておく。このことにより，保育士等は見通しを持って指導に取り組むことができる。

指導記録が届いたら，コンサルタントは必ずその日のうちにフィードバックを行う。フィードバックで大切なポイントは，グラフ化など指導記録を可視化すること，指導の効果的だった部分を必ず説明すること，うまくいかない点があるとすれば改善策を保育士等自身が考案できるように助言することである。どんな指導でも「うまくいった成分」と「うまくいかなかった成分」があるが，多くの場合，保育士等は「うまくいかなかった成分」のみに着目してしまい，「指導全体がうまくいっていない」と思い込む傾向がある。コンサルタントの役割は，保育士等に「指導のうまくいった成分」に気づかせ，勇気づけることである。

4 まとめ

　特別な支援の必要な幼児が急増する昨今，専門性の高い保育士等の育成は急務である。そして，それは保育士等の日常業務の中のOJTとして取り組む以外に方法はない。

　しかし，ほとんどの場合，こうしたOJTの対象となる保育士等は，既に数年以上の保育経験を有し，自らの指導理念や方法を持っており，それを変えたり新たな方法を取り入れたりすることに対して抵抗がある場合が多い。周囲の関係者から，「担任には指導を見直して欲しいのだが，どうやって助言したらいいのか分からない」といった感想を聞くこともしばしばである。

　保育現場におけるコンサルテーションの最終目標は，「保育士等が自ら発達障害児の指導を考え，実践し，結果に基づき改善できる力を習得すること」にある。そのためにコンサルタントは，第1に「教え方を変えてみる提案」を行い，第2に「子どもが確かに成長した証拠を示す」という順番で，保育士等の変容を促していくべきである。つまり，「教え方を変えれば，子どもが変わる。子どもが変われば，保育士が変わる」である。

【参考文献】

猪子秀太郎・橋本俊顯・山王丸誠・島宗　理（2014）保育士を対象とした応用行動分析学研修の効果測定　—問題行動の原因推定力と解決策策定力の客観的な査定—．特殊教育学研究52（3），205-215.

野呂文行（2006）園での「気になる子」対応ガイド〜保育場面別Q&A・保護者他との関わり・問題行動への対応など〜．ひかりのくに.

島宗　理（2000）パフォーマンス・マネジメント—問題解決のための行動分析学—．米田出版.

山本淳一・池田聡子（2007）できる！をのばす行動と学習の支援　—応用行動分析によるポジティブ思考の特別支援教育—．日本標準.

第8章

学校コンサルテーションを
成功に導くために

奥田健次

1 はじめに

　コンサルテーションの魅力は，クライアントに個別で行われる直接支援より
もはるかに大多数のクライアントに間接的な支援をもたらすことにある
(Kratochwill & Bergan, 1990)。学校コンサルテーションには，それだけで
は語りきれない魅力がある。学校コンサルテーションは，単に児童生徒に関す
る諸問題が解決することに留まるものではない。確かに，きっかけは児童生徒
に関する諸問題，たとえば暴力行為のような行動上の問題，地域社会や家庭で
警察の介入が必要となるような問題など，大きなニーズの解決の要請から始ま
るものかもしれない。物事が成功するときには，同時にいくつもの問題が解決
されることが多く，好循環を生み出しているものである。こうした成功は，学
校コンサルテーションにおいても目指されるべきであり，実現可能である。

2 何が変わるのか

（1）児童生徒が変わる

　学校コンサルテーションが，まず成功したといえる最低限の条件としてはコ
ンサルティ（担任教師など）が満足したかどうかである。多くの場合，担任教
師にとって児童生徒のことで困っていたはずであるので，この担任教師が満足
するためには児童生徒が変わること（抱えていた問題が改善すること）が必要

学校コンサルテーションを成功に導くために 第8章

であろう。したがって，コンサルタントとしては児童生徒が変わることにコミットし，学校コンサルテーションを行っているともいえる。

（2）教師や学校が変わる

　児童生徒だけが変わるということは事実に反している。何かの事態が変容する際，その変容を起こした要因が存在する。コンサルテーションで受けた助言に基づいて，児童生徒に対する関わり方をコンサルティが変更するなどの行為である。コンサルティの行動の変容は，学校コンサルテーションにおいて一貫して重要なテーマである（Erchul & Martens, 2006）。

　例を挙げると，教室に簡易なパーティションを設けたり，家庭と協力してトークン・エコノミー法を導入したり，集団から外して単独作業に従事させたりするなど，コンサルテーション前と比べて大幅に環境を刷新しているはずである。これらの事実は，次章で紹介されるすべての事例に共通している。興味深いことに，コンサルテーションを受けた教師が助言通りの工夫を行い，児童生徒が大幅に変容した際に「自分自身の変化に気づかない場合」が多い。次章の事例4などはその典型例で，教師がコンサルタントに指摘されるまで，教師が児童に渡した物品が大幅に増加していることに気づかなかった。児童が自ずと改善したのではなく，その改善のために教師が先に新しい方法を試したのである。また，いずれの事例にも共通するが，教師や保育士がコンサルテーション参加に向けて保護者からの同意を得るために説明に費やした時間も，教育支援者としての対話能力を高めたはずである。こうしたコンサルティとしての「教師の潜在的な要請（大石, 2011）」に応えていくことには重要な意義があるだろう。このように，学校コンサルテーションはコンサルティである教師にさまざまな力を与え，教師の資質を高めうるポテンシャルを秘めている。

（3）保護者が変わる

　学校コンサルテーションを実施するに先立って，外部の専門家を招いて児童生徒の相談をすることについて該当する保護者から同意を得ておく必要がある。この同意を得るために，教師や学校側は十分な説明を保護者に行わなければならない。この十分な説明を行うという行為は，非常に重要な意味を持つ。上の

節で述べたように，教師の保護者への説明スキル（対話スキル，共感スキルなど）が引き上げられるからである。なおかつ，保護者にとっては，その問題が外部の専門家の助言を必要とするほどの問題であるということを，間接的に自覚しうる機会となる。

　何らかの理由で，学校との関係が良好ではない保護者がいることは，しばしばよくあることである。次章の事例1では，教師が担任になったときにすでに保護者は学校に対して大きな不信感を持っていた。しかしながら，教師が学校コンサルテーションを利用するにあたって，粘り強く保護者の思いに耳を傾け十分な説明を繰り返した。その結果，保護者にも教師にも生徒にも，すべてにおいて望ましい変化をもたらすことができた。

　参考までに，徳島県で用いられている学校コンサルテーションの事前の同意書を資料（図8-1）として載せる。

（4）地域が変わる

　保護者の望ましい変化は，保護者間での情報交換などによって学校内外に広まっていく可能性もある。これも，学校コンサルテーションの成功の特徴といえるだろう。次章の事例2のように，学校コンサルテーションが推奨した「拡大ケース会議」を開催することで生徒の共通理解を図り，医療，行政，児童相談所，児童福祉などの関係者が連携し，それぞれに与えられた役割をそれぞれが果たせた。他の事例でも，警察や民生委員，スクールソーシャルワーカーなどの多職種を支援に巻き込むことで，家庭や地域社会，学校で抱える児童生徒の問題の改善に貢献できる可能性がある。

（5）予算化について

　このように児童生徒の問題が解決し，教師が問題解決のために積極的に指導を工夫するようになり，保護者が前向きになって学校に協力的になり，地域の専門機関との連携・協働が実現するようになると，コンサルテーションの予算化がなされることもある。このことは容易ではなく，大きな成果を上げ続けてもまったく予算化されない地域もあれば，徳島県（第6章参照）のように何らかの予算を付けて学校コンサルテーションが事業化されるような地域もある。

学校コンサルテーションを成功に導くために 第8章

徳島県教育委員会「特別支援教育実践研究報告会」における成果報告等への御協力について

徳島県教育委員会特別支援教育課

　徳島県教育委員会では，共生社会の実現に向け，多様な学びの場の充実や，特別支援学校の専門性向上を図るために，教育分野の若手研究者で構成する「発達障がい教育・自立促進アドバイザーチーム」と協働し，学校が変わる！「ポジティブな行動支援」事業を実施してきました。

　この度，本事業を通して取り組んだ研究成果を広く周知したいと考えています。本事業で，お子様に行いました適切な目標設定や指導手続き，指導効果等の成果を他校の教員へ報告し，さらに徳島県の専門性向上に取り組んでまいります。

　つきましては，以下の文章をお読みいただいて，これらの点を御理解の上，実践研究の成果報告に御協力いただける場合には，下記の同意書に御署名をお願いいたします。

【個人情報の保護について】

　実践研究に御協力いただいた方の個人名や学校が特定されるような情報は厳密に保護され，外部に出ることはありません。

【研究成果について】

　研究成果は，特別支援教育実践研究報告会（平成３０年２月１６日に実施）で発表いたします。その場合にも，必ず個人情報が秘匿されるようにいたします。

　また，個人情報を厳重に秘匿した形で徳島県立総合教育センターのホームページ上に掲載いたします（平成３０年４月以降に掲載予定）。

【研究協力辞退の自由について】

　実践研究成果への協力の同意は，強制ではありません。また，何らかの理由により途中で協力を辞退される場合は，お知らせ下さい。

　実践研究について何か分からないことや心配なことがありましたら，いつでも<u>校内担当リーダー</u>に御相談下さい。

校内担当リーダー　氏名：＿＿＿＿＿＿＿＿

--切り取り------------------------------------

同　意　書

徳島県教育委員会特別支援教育課長　殿

　　平成　　　年　　　月　　　日

　　※同意いただけるものの□にチェックを入れてください。

　　　　□　実践研究報告会における成果報告への協力に同意します。

　　　　□　成果報告を総合教育センターホームページに掲載することに
　　　　　　同意します。

保護者のお名前　＿＿＿＿＿＿＿＿＿

お子様のお名前　＿＿＿＿＿＿＿＿＿

図8-1　徳島県での学校コンサルテーションで用いられる同意文書（平成29年度）

とはいえ，予算化を国や地方に訴えることも大切であろうが，学校コンサルテーションを成功し続けることのほうが重要であろう。

3 成功のための秘訣

（1）理論や専門用語の修得の場ではない

　学校コンサルテーションを，座学を通して学ぶ理論や専門用語を修得する場にしてはいけない。実際に，学内で問題を抱える児童生徒の事例に取り組んで，その問題を解決することを主眼とするべきである。教育行政や学校現場には，問題の解決につながる知識を得ようと考えて，医師や大学教員を招いて全体研修や講演会を開催することがある。しかし，そういう研修会で目指す「問題の解決につながる知識」は，問題解決にはつながらないものである。今，その学校に在籍する児童生徒について，あるいはその学校のある学級集団が抱える問題について，事例に取り組むべきである。理論や専門用語は，その解決を遠ざける場合すらあるので，注意が必要である。理論や専門用語を解説するだけの外部講師は，コンサルタントに招くべきではない。

（2）コンサルティを支える校内リーダー

　事例に取り組むこととは，日々の教育実践の内容をコンサルタントからの助言に基づいて計画的に実施することである。そのためには，助言を受けたコンサルティとしての担任教師が1人だけで日々の新しい教育実践方法を行い続けるのではなく，この担任教師を支えるシステムが必要である。学校コンサルテーションを実施するにあたり，学校の中で担任教師以外の事例研究推進のリーダーとなるべき人物がいたほうがよい。このリーダーは，必ずしも特別支援教育コーディネーターや研究部担当などの校務分掌等によって決められる必要はない。支援学校の場合，相談事例の所属する学部と同じ学部である必要もなく，学部の壁も校務分掌や役職の壁も乗り越えてよい。これまで述べてきたような学校コンサルテーションの成功の意義をよく理解し，成功に導くための推進力のある人物が望ましいだろう。

加藤（2011）は，より効果的なコンサルテーションを実施するために，コンサルタントが単に相談や助言をするだけでなく，コンサルティの行動を変化させるための様々な応用行動分析学の技法を十分に理解し，実践を積み重ねていくことが必要とした。ここで述べた校内リーダーが，学外のコンサルタントと共に同僚でもあるコンサルティとしての担任教師を支えていくためには，校内リーダーにもある程度の応用行動分析学の理解が必要となるかもしれないが，共に学ぶ姿勢のほうが優先されるだろう。必要最低限の応用行動分析学の知識や技能は，校内リーダー自身もコンサルテーションを通して身につけたり高めたりできる可能性がある。

（3）事例研究の実施を支えるチーム

コンサルティとなった担任教師が「人柱」のようになってはならない。つまり，コンサルティとなったがために，1人ですべてを準備し実行する負担を追わせるようでは，コンサルテーションを受けたいという教師を減らすばかりであろう。もしそのような学校があるとすれば，その学校の管理職や教師らの職能は相当に低いものであると言わざるをえない。学級や学年，学部，学校全体でのチーム支援によって，指導困難に陥っているコンサルティがむしろ助けられるような支援体制を整備してこそ，質の高い教師のいる学校と言えるのである。普段の教育支援で行う記録や，教材の準備，保護者との面談に同席すること，委員会や事例研究会での発表資料等の作成などでも，チームで出来ることは数多くある。

（4）必要であれば「拡大ケース会議」を

児童生徒の問題が地域社会で度々生じる場合，警察の介入が必要となる場合もある。また，家庭で虐待の疑いがある場合も少なくない。そのような場合，警察や児童相談所，あるいは公的な福祉関係機関などの外部機関との連携が必要となる。管理職が外部機関との連携や，児童相談所への相談などに積極的な場合もあれば，あれこれと理由を付けて消極的な場合もある。養護教諭が協力的な場合もあれば，非協力的な場合もある。児童生徒本人や家族，学校，地域社会のために，ケース会議を開催するべきである。このケース会議に学外の関係

65

機関の専門職が参入することを「拡大ケース会議」と名付けたが，その成果の一例は次章の事例1や事例2でも紹介されているので参考にしていただきたい。

（5）行動の記録を取り続けること

学校における行動の記録は，できるだけ簡素化されるべきである。ターゲット行動を選定して定義し，どの場面でどのように測定するのか，コンサルタントが提案するとよい。校内リーダーやサブリーダーが，この行動の記録をコンサルティ任せにせず，コンサルタントの助言を受けて記録用紙を作成し，誰でも簡単に記録ができるような工夫が施されていることが望ましい。医療や福祉，警察等との連携が必要な事例は，いつ誰がどのように動いたか（場合によっては，誰に動きを止められたか）について文書を残しておくとよい。

4 学校コンサルテーションを阻むもの

学校コンサルテーションの魅力を述べてきたが，それにもかかわらず学校コンサルテーションの実現を阻止する圧力があることも記しておく必要があろう。

（1）新規事業に対する警戒心

教育現場には，恐らく手応えの分からないような業務がたくさんあるのだろう。手応えのない仕事に従事することは，通常は苦痛を伴うものである。それが日常となると苦痛を感じなくなるかもしれないが，新しいことを試みるエネルギーを奪うという側面がある。そうすると，教師が自分の学級経営で苦しんでいる際，それを解決または緩和できる可能性をもつ学校コンサルテーションを受けてみようとしないかもしれない。「手応えのない仕事が1つ増えるだけではないか？」という警戒心が強くて，事例研究に手を挙げないのであろう。他の教師が「苦しんでいる先生に勧めてみたが首を縦に振らなかった」という話はよくあることだ。その結果，不適応を起こしている児童生徒や困難を抱える学級集団をそのまま放置するということになる。

上述したように，こうした教師をチーム支援によって支えなければならない。学校コンサルテーションを受けること（小さな投資）で，児童生徒も保護者も

学級も担任自身も楽になること（大きな成果）を具体的に伝え，事実そのようになるよう努める必要があろう。

（2）実践を否定されることに対する強い不安

教師の中には，学外の専門家から自分自身の立てた指導目標や方法の変更を求められることが「人格を否定された」と思ってしまう不安の強いパーソナリティの人もいるだろう。また，同僚の教師がコンサルタントを頼りにすることに「嫉妬心」を持つ教師もいるようである。コンサルタントも同僚の教師らも，このことについて十分な配慮とサポート（松岡・加藤，2004）が必要となる。むしろ，「自分自身の立てた目標や方法を，児童生徒のために見直すことのできる柔軟な教師」という教師像を理想とするような教員養成を行うべきである。

（3）断りの文言

学校コンサルテーションを断る事例についても記しておこう。一部の教師が「コンサルテーションを実施して児童生徒を助けてあげたい」と願っても，上記のような理由を背景に学校コンサルテーションの実現を阻む教師もいることを忘れてはならない。これらの教師は「自分自身の不安，警戒心」ということを理由に述べることは滅多にない。以下のような理由が，よくある断りの理由である。

①「予算がない」「そのような予算がないため講師を招きたくても招けない」

予算がないならば，予算を獲得しようとしたか。予算を獲得しようともせず，こうした断りの理由を述べるのは管理職としての職能の低さの表れである。なお，予算がなくても学校コンサルテーションが実現している事例はたくさんある。例えば，教育活動の一部に大学院生の研究活動を許可していただくことで，指導教員への謝金や交通費をゼロにすることも可能である。大学側にとっては研究活動の推進，学校にとっては予算がなくても児童生徒や学校，保護者のために学校コンサルテーションが実現できるといった双方に利のある話である。

②「学外の専門家に相談することは，児童生徒のプライバシーや個人情報保護の観点で難しい」

　このような理由は詭弁のようなものである。保護者の同意を得るための努力不足や対話能力不足の教師の発言といえるだろう。保護者の同意を得るための努力は惜しむべきではない。また，虐待が疑われるケースの場合は児童生徒を保護するために保護者の同意なしに児童相談所をはじめ，専門機関との連携を図ることを優先する。

③「今は学校全体で受けるべき研修が他にある」

　こうした説得力のない断りの理由は，その教師や学校の専門性の低さの現れである。学校で受けるべき全体研修とは，自治体で定められた実施しなければならない研修のことであろう。したがって，この断りの理由を言い換えると「定められた研修以外のことはやりたくありません」ということになる。

　以上のような学校からの断りの理由は，いずれも正当なものとは言いがたい。学校側の表明内容の正当性を議論するよりも，学校コンサルテーションを「実現するための方法を探すか」または「断るための理由を探すか」のどちらかしかなく，実現するための方法を探して実現させた学校は評価に値する。「実現するための方法を探す努力はしたが，見つからなかった」というのはアイデア不足であるため，評価することはできない。

　もう一つ，実際にあった事例を紹介する。ある支援学校高等部の生徒の強度行動障害に悩む担任と主任が，学校コンサルテーションを前年度末に筆者に申し込んで来た。筆者はこれを承知してスケジュールを立てた。翌月，学校長からの正式な依頼文が来たが，その後しばらく連絡が途絶えた。結果，正式な依頼をしたが「学校コンサルテーションを実施しない」ということになり，会ったことも話したこともない教頭から釈明の電話があった。その教頭は，一部の教師から「他の研修会もあって忙しいのに」という不満が起こり，それに同調する教師と管理職がいたことを認めた。他にも「県から予算が出ないので教師の自主研修となるが，教師が自腹を切るのは良くない」という意見もあり，その考えに対する同調意見もあった。しかし，別の教頭は「自主研修会なのだか

ら自腹を切ってやることは構わない」としたが，加えて「ただし，自主研修会を勤務時間中にやるのは良くない。土曜日なら構わないが」と告げた。児童生徒のために学校コンサルテーションを実施したいと願っていた担任らは「平日の授業をコンサルタントに観てもらう計画だと知っていて，どうしても実現不可能となるようにされた」と感じた。つまり，この教頭は「自主研修会はやってもよろしい」「ただし平日は勤務時間なので認めない」「だから学校コンサルテーションは出来ないよね？　お断りするしかないよね？」という結論とし，校長がそれを是認したのである。

　なお，この支援学校の近隣の別の支援学校では，校長の判断で平日の授業に参観してスクールバスが帰った後の勤務時間内に，筆者による学校コンサルテーションを自主研修会として開催することを決断し，県から予算を取って来られなかったことを教員らに詫びた上で，校長自らも事例研究会に最初から最後まで参加した。管理職次第で児童生徒のためになること，教師や保護者のためになることを推進することもできるし，阻止することものできるのである。

【引用文献】

Erchul, W. P., & Martens, B. K. (2006). School consultation: Conceptual and empirical bases of practice (2nd ed.). New York: Springer. 大石幸二 (監訳) 学校コンサルテーション―統合モデルによる特別支援教育の推進．学苑社.

加藤哲文 (2011). 学校支援に活かす行動コンサルテーション　加藤哲文・大石幸二 (編) 学校支援に活かす行動コンサルテーション実践ハンドブック―特別支援教育を踏まえた生徒指導・教育相談への展開― (Pp.8-23) 学苑社.

Kratochwill, T. R., & Bergan, J. R. (1990). Applied clinical psychology. Behavioral consultation in applied settings: An individual guide. New York, NY, US: Plenum Press.

松岡勝彦・加藤哲文 (2004). 行動コンサルテーションの特徴　加藤哲文・大石幸二 (編) 特別支援教育を支える行動コンサルテーション―連携と協働を実現するためのシステムと技法― (Pp.28-41) 学苑社.

大石幸二 (2011). 学校現場で展開する行動コンサルテーションの特徴　加藤哲文・大石幸二 (編) 学校支援に活かす行動コンサルテーション実践ハンドブック―特別支援教育を踏まえた生徒指導・教育相談への展開― (Pp.24-40) 学苑社.

第9章

コンサルテーションの事例から

事例 1

強度行動障害の発達障害生徒への支援
―― 「暴力ゼロ」への取り組み

日野浩志

---

1 はじめに

　この事例は母親から「学校の先生なんて，誰一人信用してないから！」と，激しく突き放されたことから始まる事例である。年度前，「4月から激しく暴力を振るう生徒が転入してくる」という噂が耳に届き，筆者が担任に指名された。

2 本事例の生徒について

　中学部3年で，自閉症，ADHD，知的障害と診断された男子生徒A（以下，生徒Aとする）である。

（1）支援に至るまでの経緯

　幼稚園の頃から友だちに対する暴言，暴力が多かった。就学指導委員会からは特別支援学校を勧められたが，保護者の希望で小学校は地域の特別支援学級に在籍することとなった。F小学校では友だちとのトラブルが多く，教員に対する暴力もみられた。また地域生活においても住民とのトラブルが続き，近所の飼い犬の足にケガをさせて海に突き落とし，殺してしまったことがきっかけ

で地域から70キロ以上離れたG市の施設に措置入所となった。

その後，施設に隣接する県立H支援学校に転入した。それでも，学校や施設で暴言，暴力が頻発していた。その時期に施設入所者や施設職員に対する暴力がひどくなり，施設職員の頭に石を投げつけ大きな怪我をさせ強制退所となった。県内の入所可能な施設を探すが受け入れ施設が見つからず地域に戻り，自宅から県立I支援学校に転入することとなった。

（2）生徒Aの実態

好きな虫の鳴き声が聞こえたときは，授業中であっても突然教室の外へ飛び出して行くなど衝動性が非常に高かった。

人と関わることが好きで，自分から話しかけたり関わりを求めたりすることが多かった。しかし，相手が自分の要求を満たしてくれないとき，相手の返答や態度が否定的だと感じたとき，即座に不適切な行動（暴言，暴力，物を投げる，つばを吐くなど）が出た。

例えば，生徒Aが授業中に「鬼ごっこしよう」と言い出したときに，「わかった。じゃあ，昼休みに鬼ごっこをしよう」と返すと，表情が豹変し中指を立て「死ね！」と暴言を連発するといったような感じであった。

（3）保護者の思い

母親とのはじめての面談で，冒頭の「教師不信発言」を聞き，その背景には今までどれほど辛いことがあったのか想像を絶するものを感じた。転入当初，母親は「学校は，学校の思うように勝手にやってください。家は私の思うようにやりますから」と言い切ったが，担任としては「お母さんの思いを詳しく聞かせてください」と繰り返し，ひたすら母親の思いを聞き出すしかなかった。

母親は涙を流しながら2時間ほど思いを語り，「父親が生徒Aの障害を理解せずに暴力を振るうこと」「幼稚園のときから他の保護者から阻害されたこと」「地域住民からの苦情が相次いで何度も引っ越しを繰り返したこと」「入所施設職員のケガを理由に強制退所させられたこと」など，そのような経緯から，母は「誰一人理解してくれる人はいない」と感じたとのことであった。

この母親面談をきっかけに学校での問題行動に取り組むとともに，地域でも

生じる激しい行動障害についても取り組むこととなった。

（4）地域での生徒Aの状況

学校から帰宅するとすぐに虫取り網を持ち近所を散策することが多かった。他人の家に勝手に入って家の物を持ち出すことや壊すこともしばしばあった。また畑の野菜を勝手に食べることや，注意した地域住民の首を絞めることもあった。

3 関係機関との連携

（1）関係機関でのケース会議

地域の同級生の顔に向けて殺虫剤をかけたことがきっかけとなり，相談支援事業所，町役場，警察，民生委員，学校で拡大ケース会議を開催した。各関係機関がそれぞれ得ている情報の共有を行った。ほとんどの関係機関は，保護者がもっと見守る努力する必要があると感じていた。そこで学校側としては保護者への個人攻撃とならないように配慮し，すでに中学生になった身体の大きな生徒Aをコントロールすることの難しさという現状と，母親の努力や今までの思いを説明し，保護者に過去の責任を問うような視点ではなく，地域で大きな事件を起こさないために今からどのように支援をするべきかを考える方向で共通理解を図った。

こうした拡大ケース会議を数度開催し，夏休みを地域で過ごすことによるリスクを回避するために病院での一時入院の道を探すことになった。

（2）病院との連携

学校が入院にあたり保護者への説明と説得を行った。保護者の了承を得たあと，いくつかの病院に問い合わせた。一つの病院が直接話を聞いてくれるというので，保護者，生徒Aとともに通院し協力を仰いだ。院長は保護者の思い，学校での状況を静かに聞いてくれ，主治医になること，長期休業中の入院の許可，入院中の投薬の調整など全面的な協力を得ることができた。

コンサルテーションの事例から　第9章

　入院当日には，拡大ケース会議を実施していたため，家庭だけではなく学校
や地域社会の協力が実現した。生徒Aが暴れることが予想されたので保護者の
車に担任である筆者が一緒に乗り込み，そのあとに役場の車とパトカーに追走
してもらった。

（3）学校コンサルテーションの活用へ

　拡大ケース会議において，各関係機関と連携は図れたものの，学校や地域，病
院での暴力は減っていなかった。長期休業中は一時入院できるようになったが，
平日の放課後は地域で問題を起こしていた。地域住民とのトラブルを避けるた
めに行動援護などの福祉サービスの利用を考え，いくつかの事業所に相談した
が暴力があるので受け入れが難しいという返答ばかりだった。

　拡大ケース会議や地域資源だけでは解決できないこともあり，暴力を減らす
ための取り組みにはさらなる専門家の助言が必要だと感じ，県の学校コンサル
テーション事業を活用することとした。

4 　学校コンサルテーション

（1）コンサルテーション以前の教員の対応・教室環境

　同じクラスには他3名の生徒が在籍しており，個人の学習スペースは構造化
しているものの視覚的にも聴覚的にも刺激が入りやすい環境だった。友だちの
発言に対して暴言が出る場面が見られることもあった。

　一つひとつの活動に取り組むための「トークンエコノミーシステム」の活用
（バックアップ好子は少量のお菓子）と，暴力を未然に防ぐための「気持ちの切
りかえ表」を取り入れた。それは，生徒Aが不安定になりはじめた段階で，表
情イラストと感情の温度計を見せカームダウンエリアに入るように言葉で指示
を出すものである。

　「トークン」や「気持ちの切りかえ表」は多少の効果はあったものの問題行動
をすべて無くすことはできず，コントロールできなかった日は，暴言ばかりで
はなく教員が怪我を負うほどの暴力が生じた。

73

(2) コンサルテーションでの助言を受けて

　行動分析学を専門としたコンサルタントから，「人との関わりをなくし，一人で単純作業に取り組むことや一人で余暇を過ごす時間を増やすように」との助言を得た。助言通り，教室，カームダウンエリアの変更，時間割の変更，新しい支援体制の共通理解を学校全体で図り，かなり大幅な変革を実行した。

　まず，「一人で過ごす時間（課題に取り組む時間，余暇時間）」を増やすことと「不適切行動（暴力，暴言，つば吐き，物を投げるなど）」を減らすこと目標とした。達成基準は一人で課題に取り組み休憩した時間の合計が1日あたり150分以上の日が7日連続すること，1日あたりの不適切行動が15回以下の日が20日連続することとした。

(3) 介入1

　一人だけの教室で，集団活動には一切参加せず，自立課題，休憩，虫取りの活動を繰り返した。学校生活全般において教員は3〜5m離れて遠隔的に対応することとした。生徒Aが話しかけてきも無反応で対応する。5つの簡単な課題を完成させ終了報告をしてきたときは，賞賛しながらハイタッチをしたあとお

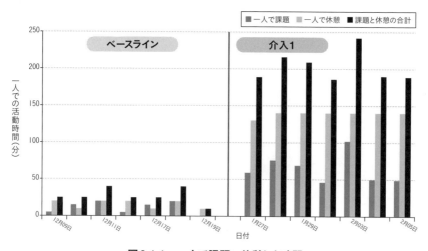

図9-1-1　一人で課題・休憩した時間

菓子を渡す。適切な行動をしたときは，生徒Aの好きな教員との関わりやお菓子を好子として提示した。休憩は教室内の休憩コーナーで好きな昆虫のDVDを観るか図鑑を見て過ごした。また，殴る，蹴る，物を投げる，つばを吐く行動をした場合は，複数の男性教員でカームダウンエリアに誘導することとした。大好きな虫取りは昼休み，下校前に確保した。図9-1-1に示すように「一人で課題に取り組み休憩する時間」は大幅に増加した。

（4）介入2

介入1では，一人で過ごすことのできる時間は増えたが，学校や家庭において暴力などの不適切行動の回数は変化がなかった。その後，保護者からの強い要望を受けて主治医と相談し，学校で暴力がでたときにすぐに入院できる体制を整えた。介入2では介入1の手続きに加えて，学校での暴力は即入院とした。

次の図9-1-2で示したように，介入1では不適切行動が100回を越える日が数日あり，相手を怪我させるような暴力は1日17回生じた日もあった。介入2では，不適切行動は激減し暴力もゼロとなった。また介入1以降，地域住民に対する暴力が報告されることはなくなった。

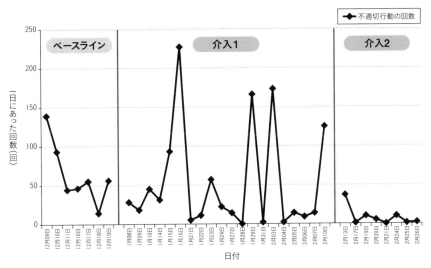

図9-1-2　不適切行動の回数

5 おわりに

　本人を支援するということは教員として当たり前だが，学校だけではどうしようもない解決困難な問題もある。得てして教員は学校だけの支援を考えがちなところがある。家庭や地域社会での解決が難しそうな問題に直面したとき，「様子をみましょう」と言いたくなるものである。しかし，本人や保護者にとってそれは問題解決の一歩にはならない。拡大ケース会議などを経て，医療機関や福祉機関，相談機関，警察など，学校外の専門家の協力も仰いだが，それでも解決できない本事例のような困難な問題が起こることもある。そうした際，本事例で利用した学校コンサルテーションでコンサルタントから得た助言が大いに役立った。転入当初には，保護者からは突き放されたような言葉をいただいたが，粘り強く接することで新しい支援への前向きな理解が得られ，問題を解決できた頃にはとても前向きに協力していただけるようにまで至った。学校コンサルテーションによって，教員の狭かった視野が大きく広がったと感じている。

【謝辞】学校コンサルテーション事業にて奥田健次先生から厳しくも温かいご助言と，まったくの新しい視点から大幅に環境設定を見直すことの必要性，暴力ゼロを実現するための目標の提案など，たくさんの支援方法を教えていただきました。深く感謝申し上げます。

コンサルテーションの事例から 第9章

事例
2
強度行動障害の発達障害生徒との「距離感」を取るための支援

前野宏行

1 学校コンサルテーション前の生徒の実態について

（1）支援に至るまでの経緯

　生徒Bは特別支援学校中学部2年に在籍する発達障害と診断された男子であった。小学校から中学1年までは通常学校に在籍していた。小学校高学年では日常的に他害行為や破壊行為があり，数か月間病院に入院したこともある。しかし，病院においても他害行為や破壊行為がおさまらず退院させられた。その後，地元の中学校に進学するも学校生活に適応できず不登校となった。中学校1年ではほとんど学校に通学できていなかった。中学2年に進学する時に特別支援学校に転学することとなった。

（2）生徒Bの実態

　日常生活に関する実態としては，排泄，着替え，食事などの基本的な日常生活動作は自立していた。しかし，大便は十分に拭くことができず，壁に擦りつける行動があった。また，肥満体型であり体力がなかったため，長時間椅子に座ることが難しく，すぐに寝転がったり，運動後などは寝てしまったりすることが多かった。衣服については，夏に冬用のズボンを履いてきたり，数日間同じ下着を着けていたりすることがあった。通学については，スクールバスや公共のバスを乗り継ぎ一人で登下校できていた。

　学習面に関する実態としては，書字については，字が乱雑で読むことが難しかった。平仮名，片仮名はすべて読め，漢字についてもおおよそ日常的に使用

77

するものは読むことができた。テレビやゲームなどで覚えていることが多いようであった。加法，減法，九九などの簡単な計算はほぼ行うことができた。

（3）対人関係に関する問題

人との関わりが好きであるが，関わり方が不適切であるため，トラブルが起きていた。例えば，友達が同じ空間にいると，物を盗ったり，無意味に叩いたりすることがあった。また，無意味にすれ違う人に対して「邪魔！　どけ！」などの暴言を吐くこともあった。気分の抑揚が激しく，他害行為や他者への暴言，物の破壊行為が日常的に起きていた。特に空腹時や眠気がある時，寝起きは機嫌が悪く，他害行為，暴言，破壊行為などが顕著に現れていた。

2 学校コンサルテーション前の学校と教員の実態について

転入当時は，3人の少人数学級で授業を行っていた。しかし，教室内の物を破壊したり，授業中に大声を出したり，友達や教師に対して暴言・暴力が頻発したりして授業が成り立たなかったので，転学約1か月後より個別教室・個別の教育課程を設けて1対1の指導を開始した。個別教室開始時は，集団に入る授業については朝の日常生活の指導の時間と作業学習の時間だけにしていたが，作業学習の時間についても問題行動が目立ってきたので，さらに約1か月後から個別教室での対応とし，集団に入る時間は比較的にトラブルの少なかった朝の日常生活の指導（体力づくり）のみとした。

個別教育が開始したのと同時にトークンエコノミーシステムとレスポンスコストを併用したポイントシステムを開始した。指導開始1週間程度はポイントを貯めていくことができていた。そして一部の問題行動に関しては消去することができた。しかし，調子が悪い時には「ポイントなんていらん！」と言って暴言や暴力，破壊行為といった一番問題となっている行動は抑止することができなかった。

学部会において行動の様子を学部教員に伝えたり，インシデントプロセス法でのケース会を開いたりして対応の仕方や共通理解を図った。また，学校全体で担任1人では手に負えない状況になった時の為に，写真を各学部に配布し，協

コンサルテーションの事例から　第9章

力を得られるように周知した。医療，福祉，教育，警察などの各専門機関が集まり共通理解を図る拡大ケース会議を2回行っていた。

3 コンサルタントからの助言内容について

（1）教室内の環境設定

　教員と生徒との距離間が近すぎることが問題である。そのため，教員に対しての暴力行為が容易に起きてしまう。現状では生徒が教室内で課題をしているのを教室外で教員が見守るくらいが適した距離間である。

　不必要な物が多すぎる。必要最低限の物だけを教室内に配備する。物が置いているから投げられる，壊されるのは当然である。思い切って部屋の中の備品すべてを撤去しても良い。

（2）指示が聞けるように練習する

　距離感を覚える必要がある。また，指示に従うための訓練も必要である。そうすることで問題行動はなくなっていく。約2m程度，離した位置に椅子を置き，指さしや指示によって移動できればご褒美を与える。これを繰り返していくことで適切な距離感を覚えるようになり，指示に従うことができるようにもなる。

（3）各専門機関との連携

　現在の生活環境や将来の生活のことを考えて福祉と繋げておく必要がある。拡大ケース会議の継続や，使用できる福祉施設を探す必要がある。必要に応じて，暴力や暴言が止まらない場合，家を出て入院することになると本人に伝えることについて，保護者に了承を得ておく。

4 助言を受けての変更点

　助言を受け，まず教室内の環境を大幅に変更した。教室中央に生徒と向き合

わせていた机は，教員の机を教室外に配置し，生徒の机は壁の方に向け隅につけた。3段ボックスやソファー，サイドキャビネットなどの物を排除して必要最小限の物だけにした。課題内容は，2校時目は国語や数学といった学習プリント，3校時目は階段の手すり拭きやゴミ捨てなどの清掃活動，4校時目は組立てや分類といった職業訓練的な作業課題とした。いずれも能力的には達成可能な約15分で終えられる内容とした。与えられた活動が終えられるまでは教員は何も提示したり反応したりしないようにした。課題を行うことでトークンポイントを得られるようにし，活動を終えた後の自由時間にはポイントを使用することで教員と遊べるようにした。また，活動が一人で最後までできたら大袈裟なくらいに褒めたり，予定にない良い行動がでたらボーナスポイントとしてトークンポイントを出し惜しみなく与えるようにした。

5 結果と考察

(1) 指導経過

指導開始初日：教室環境と生徒への対応を変えた。初日は新しいトークンエコ

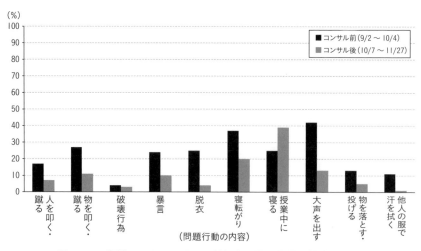

図9-2-1　学校コンサルテーション前と後の問題行動の頻度の比較

ノミーシステムになったので真新しさから問題なく過ごせた。
指導開始3日後：第1回目の消去バーストが起き教師への他害行為が見られた。
指導開始4日後：消去バーストが続き，椅子を使ってドアに穴をあける，棚を壊す，天井に穴をあける，窓から小便をするなどの行為が見られた。
指導開始2週間後：第3回目の消去バースト。イスを使って窓ガラスを割ろうとしたり，ドアを半壊させたりした。
指導開始3週間後：母親と懇談をして破壊行為を行うことで勤慎の処置をとらしてもらうことの了解を取り，本人にも伝えた。
指導開始4週間以降：破壊行動はなくなった。

（2）問題行動の頻度について

図9-2-1にあるように全体的に問題行動の頻度を減少することができた。他害行為の減少については，教室内の物を極端に減らし，生徒と教師の距離をとることで身体的な接触が減り，減らすことができたと考えられる。

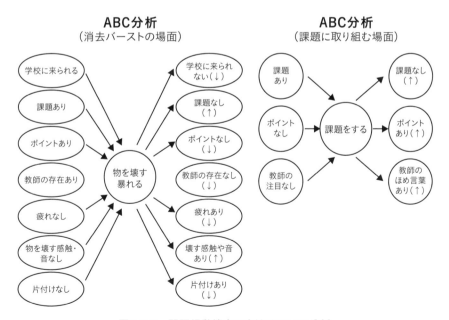

図9-2-2　問題行動消去に向けてのABC分析

破壊行為については，図9-2-2のABC分析（消去バーストの場面）にもあるように，物を壊すことによって好子が消失する環境を設定することで弱化したと考えられる。また，消去バーストを乗り越えられたことが大きかった。これは管理職を交え消去バーストが起こったときの対応について事前に取り決めていたり，生徒に関わる全教師が共通理解のもと統一した対応ができたりしたことによるものと思われる。

問題行動を減らし，課題に取り組めるようになった要因としては，図9-2-2のABC分析（課題に取り組む場面）にあるように，コンサルテーション前までは何もしなくてもできていた教師とのお喋りや遊びにもポイントがなければ得られないようにした。一人で課題を行えなければポイントも貯められず，何もできなくなった。そのことにより，課題に従事することが増えた。また，課題に従事することによって教師から褒められる経験を積み重ねていくことにより，トークンポイントを貯めようとする意欲から一人で課題に従事できることが増えていった。

（3）関係機関との連携について

引き続き，拡大ケース会議を行った。最終的に医療，行政（市役所から二課），児童相談所，福祉，教育が集まり生徒の今後の方向性について検討・共通理解を図ることができた。

コンサルテーション前には病院への入院を勧める方向で動いていたが，コンサルテーションを受けて支援方法を改善して以降，生徒の様子が良くなってきたため，生活環境の改善とショートステイの利用を勧めていくこととなった。

（4）長期的な予後について

中学2年生の頃の状態を強度行動障害の判定基準を元に点数化すると27点あった（10点以上が強度行動障害，20点以上が特別処遇の対象とされる）。しかし，3年後，同じ判定を行うと3点（強度行動障害ではない）まで減少した。学習形態については，基本的には個別学習を継続しているが，体育や音楽，作業学習などの集団学習に参加できるようになり，落ち着いて参加できるようになった。また，以前はかんしゃくを起こすとドアや壁を破壊することもあり，暴

言・暴力が絶えなかったが，現在は疲れるとかんしゃくを起こす前に自分から「休ませてください」と伝えることができるようになっている。

6 まとめ

　一般的に，教員は「生徒と寄り添わなくてはいけない」と思っていることが多い。しかし，「寄り添い」を勘違いしている教員も多いのではないだろうか。実際に筆者もその一人であった。日々の生徒からの暴言や暴力に耐え，暴言・暴力が起きないようにするにはどうすればよいかを考え過ごしていた。しかし，暴言や暴力に耐え，避けることは本当の「寄り添う」ことではないということを今ケースの学校コンサルテーションを通して知ることができた。教員では持つことができない，専門家による全くの別視点からのアドバイスは本当に「目から鱗」であった。教員も変わり，生徒も変わることができた。

　今回の取り組みで，物的・人的環境を整え，生徒に関わる全ての人が同じベクトルで生徒と向かい合うことで，不可能はないということを学ぶことができた。

【謝辞】コンサルテーションにて新しい視点からの目標の見直しと，支援方法をご助言下さった奥田健次先生に心より感謝申し上げます。

| 事例 3 | 自閉症スペクトラムのある生徒の他者との適切な関わり方の支援 |

高津 梓

1 はじめに

Wingら（1979）は，自閉症スペクトラムについて，行動特徴から3つのタイプに分類した。このうち「積極奇異型」と呼ばれるタイプは，他人との接触を活発におこなうが，自分の要求や関心ごとについて一方的に話したり，不適切なスキンシップをしたりすることがあると挙げられている。学校現場においては不適切な関わりが生じる事例も多い。

本稿では，他者に対し積極的な関わりを示すものの，それが不適切な関わりとなっている生徒に対し，その行動が生起している環境を変更することで，適切な関わりを身に着けることができ，不適切な行動が減少した事例を報告する。

2 人への関わりに課題のある生徒C

生徒Cは知的障害特別支援学校中学部1年に在籍する男子生徒で，中度の知的障害と自閉症スペクトラムの診断を受けていた。小学3年時に食べ物の名前をはじめとした発語がみられるようになり，1〜2語文を話していた。会話は一方通行で，繰り返し同じことを尋ねることが多いが，簡単な質問には単語で答えることができ，大ざっぱであるが，ひらがなの読み書きができた。

人懐っこく，積極的に周りの人に話しかけ関わろうとする反面，予定変更や思い通りにいかないことがあると，声を上げて泣き，周りの人に対して掴み掛かったり爪立てをしたりすることがあった。また，人に近づいて手を取るなど直接的な接触が多く，人の匂いをかぐ，笑いながら物を床に落としたり他者に

渡したりするなどの行動がみられた。それに代わる適切な関わり方を身に着けることで，人に安易に触れる行動や不適切な関わりで注意を引く行動をゼロにすることが必要だと考えられた。

3 教師による取り組みから外部助言者によるスーパーバイズへ

生徒Cが，予定の見通しを持ちやすく気持ちの調整をおこなうことができるよう，担任教師間で検討し「個人スケジュール」を設定した。シンボルと文字で作成した予定カードで一日の簡単な流れを「予定シート」に示し，終わった予定カードを生徒C自身が「終わりシート」に移動することで，その日の流れを確認し，活動したことを後から振り返ることができるようにした。これにより，予定を自分で確認したり，予定カードを指さしながら学級の友達とやりとりをしたりする姿が見られるようになった。上記の不適切な行動がやや減ったが，しかしながらゼロにはならなかった。

その後，担任教師が参加するカンファレンスにて，行動分析学を専門とするコンサルタントに相談したところ，自閉症スペクトラムのある生徒に対しては，コミュニケーション行動を作るという目標も必要であるが，「一人で活動をおこなえるようになること」を目指すことも重要であるとの助言と，それを実現するための支援方法についての提案を受けた。それに基づき，他者への不適切な関わりが家庭内や学校内で問題となっている生徒Cに対し，その行動を起こしている学校場面の環境を変更し，行動の出現機会そのものをなくすことによって，不適切な行動が減少することを目的とした支援を実施することとした。

4 行動観察から支援場面および方法を選定する

まずは記録をとり，支援場面と支援方法を選定した。不適切な行動として，「人の手をさわる」「爪立てをする」「人の匂いをかぐ」「物をとって渡したり落としたりする」行動を，「人への不適切な接触」と定義した。この内，物を取って渡すなどの行動についても，人をさわることにつながっていたため同様に定義した。日々共通している「朝の支度」「休み時間（午前）」「給食準備」「給食」

「休み時間（昼）」「帰りの支度」の6場面を対象として，担任2名が観察し，場面ごとに不適切な接触が1回でもあった場合に，記録用紙にチェック印を記した。一週間分の記録を合算したものから生起した割合を算出し，データとして使用した。また，記録は，X－1年5月からX年2月までの約10か月行った。

支援を実施するにあたって，当初より上記6場面における支援方法をそれぞれ計画したが，行動観察の結果により接触行動が最も多く生起していた「帰りの支度」場面から実施することとした。支援の実施については担任間および管理職で検討をし，保護者に説明の上，承諾を得て実施した。

5 「帰りの支度」「朝の支度」での支援の実施

「帰りの支度」場面では，更衣室での着替えの際に他生徒との接触やそれによる泣きが頻繁に起こっており，その後，興奮状態に陥ったまま教室内で他生徒や教師に対し接触する様子があった。更衣室は狭く雑然としており，10名程度の男子生徒が一度に着替えに入るため，他者との距離も近く，他生徒からの不規則な関わりもあることから，不適切な関わりが生じやすく支援もしにくい状況にあった。支援方法として，教室内にプラスチックダンボールを使用した更衣スペースを設置し，そこで着替えをおこなうこととした（図9-3-1）。9/14から「帰りの支度」場面で実施し，その後11/4からは，次に不適切な接触の多かった「朝の支度」場面でも同様の支援を開始した。

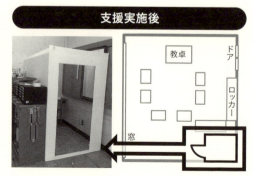

図9-3-1　支援前後の環境

6 支援の結果

帰りの支度場面と朝の支度場面においては、支援実施直後は週に数回の接触が見られたものの、帰りの支度場面では11/4以降、朝の支度場面では12/14以降、接触がなくなり、年末年始の休暇を挟んでも維持された。また、支援をおこなっていない4場面についても、減少が見られた（図9-3-2）。

記録を始めた当初は一日に複数回生起していた他者への接触が、一日に1回あるかないかという程度になった。支援実施後は「不適切な接触」と定義した

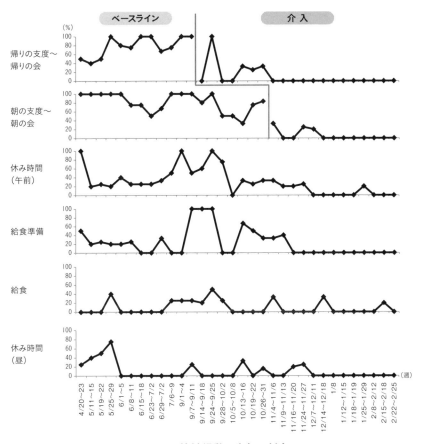

図9-3-2　接触行動の生起の割合

行動が起こっても，他の事をしている教師の肩を叩いて「〇〇ください」「お願いします」という場合のみであり，接触の質が変わっていた。また，接触しない場合については，肩を叩かずに言葉のみで「とんとん」「〇〇先生」「〇〇さん」と呼びかけてから要求をすることができるようになった。

7 副次的な効果に関するエピソード

記録をとった6場面では，自分でスケジュールを確認し，課題や荷物整理をおこなったり，学級の友達にも拍手や「〇〇は？」と話しかけて関わったりする様子が見られた。また，時間の制限などで期待していたことができなかったときに，声を上げたり泣いたりせず，「またこんど」と言ったり，楽しみな活動を友達や教師に伝えたりすることで，次の活動に参加できるようになった。

また，「できました」「〜してください」「ありがとう」「〜したいです」「〜しましょうね」「〜が楽しみです」「〜できるといいね」など，言葉や気持ちを表現するレパートリーが増え，会話のやりとりに広がりがみられた。家庭や通っている福祉事業所でも「語彙や言葉の言い回しが増えて，周りの人たちと色々な会話をできるようになった」との報告があった。

さらに，他者に伝えたいことや自分のやりたいこと，楽しかったことを文章にしてパソコンで打つことを好み，学校でも積極的に取り組む様子が見られた。家庭でも，外出をした後などに写真と文章を打ち込み，日記等を作成するようになった。

8 おわりに

今回の実践では，他者への不適切な関わりが頻繁であった自閉症スペクトラムのある生徒に対し，その行動が生起している環境を変更することで，教師や学級の友達に対する適切な関わりを身に着けることができ，不適切な行動が減少することを明らかにできた。

自閉症スペクトラムのある児童生徒が，他者とのコミュニケーション行動を身につけることは大切である。その一方で，身体接触を伴うコミュニケーショ

ンについては，慎重に考える必要があると考える。支援者は時として，「接近するということは愛着ができているということ」など，接近や身体接触を良いものとして捉えがちである。しかしながら，児童生徒が大人になった時に，他者への身体接触や近すぎる距離は不適切な行動とされ，歓迎され難いものになるであろう。児童生徒の「現在」の支援は，「将来の幸せ」を視野に入れて考えなければならない。幼児期や学齢期のうちに，一人で活動することのできる力や，他者と適切な距離をとりながらやりとりする力を身につけることが重要である。

　当初，担任教師による支援は，多少の効果が見られたものの支援の核心には至らなかったが，その後コンサルタントの助言から新たな視点を得て，より重要かつ効果のある支援を実施できた。学校現場は時として，「（困った行動が）減少しつつある」「（望ましい行動が）増えつつある」と曖昧な表現で評価し，具体的な支援方法も持たないまま課題を先送りしてしまうことがある。効果的な支援方法を提案し，客観的な行動の記録に基づく評価を添えて送り出すことができるよう，組織的に取り組むことが大切であると考えられる。そのために，外部の専門家から助言が得られる学校コンサルテーションの活用は，有用な方法であるだろう。

【引用・参考文献】

Wing, L., & Gould, J. (1979) Severe impairments of social interaction and associated abnormalities in children, Epidemiolojgy and classification, ─ Jurnal of Autism and Developmental Disorders, 9 (1); 11-29.

高津梓（2015）個別スケジュール．筑波大学特別支援教育研究センター─教材・指導法データベース作成資料．http://gakko.rdy.jp/kdb/search/detail/430

事例4 学校コンサルテーションにおける教師と保護者の行動変容
――長野県の特別支援学校の事例研究会から※注1

上條くる美・青木高光

1 事例の概要

（1）対象児について ※注2

特別支援学校小学部5年に在籍する児童D（女子）で，重度知的障害の診断と強度行動障害の判定を受けていた。険しい表情で時に自傷を伴う大きなうなり声を長時間発することがあり，集団から離れて個別での活動になることが多かった。

（2）コンサルテーションまでの取り組み

児童Dの「大きなうなり声を出す」という行動について，動機づけアセスメント尺度（Motivation Assessment Scale）を実施したが，どの要素も高くて機能を特定することは困難であった。また，『たこ足ダイアグラム』によるABC分析を行うと，眠い・体調不良・空腹・喉の渇き・退屈・不快などの状況で，あらゆる要求をうなり声で伝えている様子が伺えた。

そこで，児童Dが苦手な朝と帰りの着替えをやめ，うなり声による要求機会を減らすため，感覚遊びなどの好ましい活動を教師から積極的に提供するなどの取り組みを行った。また，児童Dにとってうなり声は話し言葉に替わる機能を持っていると考えられた。そこで，適切なコミュニケーション手段を獲得することを目指して，絵カード（PECS）の学習を開始した。

これらの支援を続けるなかで，全体としては，険しい表情と自傷を伴う激しいうなり声は減少した。その一方で，笑顔で活動を楽しんでいる時にも大きな

うなり声が出るようになり，しばしば集団での活動場所を離れなければならない状況には変化がなかった。また，PECSは絵カードを持って移動することが難しく，次の段階に進めないまま数か月が過ぎていた。

（3）学校コンサルテーション

　PECSの学習場面では，コンサルタントから児童Dがカードを全く見ていないという指摘があった。その場でセッティングを変更し，カードを児童Dから離し，カードを手に取るまでの移動距離を長くした。すると，教師や絵カードを確認してから立ち上がり，歩いて絵カードを手に取り，向きを変えて教師に渡しに行くことができた。コンサルタントからは，セッティングを変えるだけでも行動が変わることがあるので，今後も良いセッティングを考えて増やしていくようアドバイスを受けた。

　全校職員対象の事例研究会では，更に以下のような指導を受けた。

①耳を塞ぎたくなる激しい声なので無理もないが，「声を出さない」ことを目標にするのは教育目標としては適切ではない。「教師が変わること」を目標にするのも発想の転換の一つとして良い。

②児童Dのうなり声の半分は様々な要求を伝える「言葉」の機能を持つが，もう半分は感覚的な刺激を求める「くせ」のようなものである。

③常に教師が隣にいてスキンシップを提供している状態では，将来の自立につなげていくことが難しい。身体接触は減らし，こだわりを人から「もの」へ変えていく必要がある。レジャースキルを豊富にして豊かな隙間時間を過ごせるようにしていかなければならない。

　これらを踏まえて，担任には次回の学校コンサルテーションまでに「遊びに没頭して声がぴたりと止まるような"もの（遊びグッズ）"を，できるだけたくさん探しておくこと」という課題が出された。児童Dに提案したグッズを，表9-4-1に示した。

　成人に向けて関わり方を悩む母親に対しては，児童Dが成人したら家族は離れて互いに自立した生活を送るという目標と，それができるようになる支援を

表9-4-1 提案した遊びグッズ一覧

興味を示したもの	〈感触を楽しむ〉・空気入れ用チューブ ・セロハン紙をラミネートしカットしたもの ・トレーニング用ゴム ・絵画用ローラー ・髪用ブラシ・目の細かいブラシ・スライム・大きなスイッチ・シリコンカップ・伸び縮みして膨らむゴムボール
	〈音や振動を楽しむ〉・キーボード ・音の出るうた絵本 ・ヘッドホン（好みの曲が聞ける）・光って振動するスティック・スイッチで動く人形・鈴入りボール・キーホルダー・カスタネット・電動レッグマッサージャー・低周波治療器・霧吹き
	〈主に体を温める〉・ドライヤー（温風） ・ショルダーウォーマー（肩用電気毛布）
興味を示さなかったもの	・スノードーム・骨だけうちわ・発泡スチロール製ボール・積み木・果物用緩衝材・ティッシュボックス・洗濯バサミ・空気入れ用ポンプ

※網掛け箇所は児童Dが特に気に入ったもの

行いましょう，という方向が示された。その第一歩として，学校と母親に対しては「一泊できそうな事業所を学校が一緒に探し，母親が見学できるように段取りを考えること」「次回のコンサルテーションまでには見学の報告ができるようにすること」という課題が出された。

（4）コンサルテーションの結果

①学級での取り組みと教師の変容

　児童Dはそれまで「もの」への関心を示すことは少なかった。コンサルテーション後，学級担任が興味を引きそうな具体物を持ち寄り，活動の合間や休憩時間などに次々に提示してみた（図9-4-1）。また，個別学習の時間を毎朝確保し，プットインやリング外し，PECSの学習に取り組んだ。

　この取り組みを始めたことで，学級担任は児童Dの様子に注意深く目を向けるようになった。いろいろな「もの」で一緒に遊ぶ時間が増えると，提供物への反応について担任同士で情報共有し合う時間も増えた。

　また，給食準備中は，大きなうなり声の続く時間帯だったが，児童Dの給食

を配膳するタイミングを食べる直前に変更してみた。すると，何度も自分の机を確認し，何も載っていない時は遊びながら待てるようになった。コンサルタントの助言通り，セッティングを大幅に変更することによって行動の問題が改善されたことから，学級担任らは環境の工夫やアイデアの出し合いを積極的に楽しめるようになった。

②対象児の変容

取り組みを続ける中で，初めての"もの"に視線を向けたり，自分から触れたりすることが増え，児童Dが遊べるものが少しずつ増えていった。また，児童Dの周りに友達が集まり，これらの遊びグッズで遊びながら笑い合う姿も見られるようになった。教師や保護者の主観的な印象としても，児童Dが良い表情で過ごせる時間が増えたと実感しており，客観的事実としてもうなり声は減少していった。

図9-4-2に，児童Dのうなり声の推移を示した。うなり声には，長く続く時・短い時，不快の表出・快の表現と思われるもの等の違いはあるが，1回でも大きなうなり声が出たら「うなり声あり」として記録した。

まず，学校での生活を「登校から遊びまで」「トイレ」「朝の会（朝の学習）」

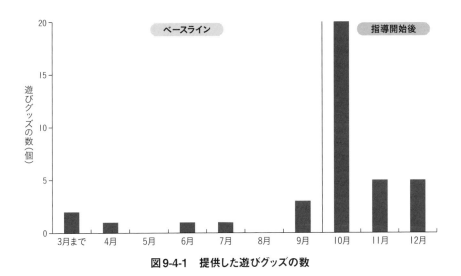

図9-4-1　提供した遊びグッズの数

「午前の活動1」「午前の活動2」「トイレ」「給食準備」「給食」「昼休み」「トイレ」「午後の活動」「遊び」「トイレ」「帰りの会」「移動から下校まで」の15の活動場面に分け，それぞれの場面ごとにうなり声の有無を記録した。次に，早退・仮眠・トイレへの入室拒否等により活動しなかった場面を除き，活動に参加した場面のうち，うなり声が出ていた場面数の割合（割合の算出方法は「声の出ていた場面数の合計／その日に活動した場面数×100」）を1日ごとに求め，グラフに示した。

ベースライン期では，すべての活動場面でうなり声の出る日（100%の日）が複数日観察された。朝の個別学習と具体物提供の指導を開始すると，うなり声は徐々に減少し，2か月後には全くうなり声の出ない日も見られるようになった。

③学校としての取り組みと保護者の変容

1回目のコンサルテーション後，児童Dの支援に関わる職員が集まり，児童Dの将来に向けての長期目標を確認・共有した。その後，宿泊可能な事業所一覧をコーディネーターが母親に提供すると，母親自ら福祉課を訪問して見学の

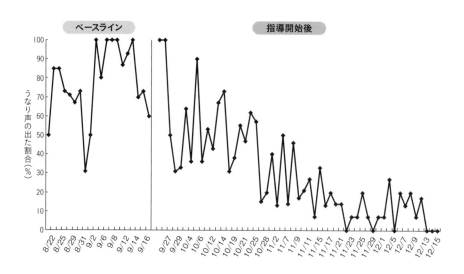

図9-4-2　活動場面ごとのうなり声の出た割合

コンサルテーションの事例から 第9章

表9-4-1　児童Dの事業所利用に対する母親の心境の変化

コンサルテーション前	コンサルテーション後
「他人に預けて自分が楽をしている」 「後ろめたい」「罪悪感」 「まだ小さいのに可哀想」 「一回だけショートを利用したが，心配でのぞきに行きたくなるくらいだった」	「見学したら，家より環境も良かった」 「週末だけでも預けてみたい気持ちになった」 「これからのことを考えてあげないとね」 「預けられないのは私の問題」 「自分が不安であずけられないだけだった」 「いろいろなところに見学に行きたいです。ダメもとでチャレンジしてみます。」

希望を伝え，1か月後には事業所見学が実現した。その後，さらに別の事業所にも見学に行き，翌年の5月から利用を開始することとなった。コンサルテーション前後の母親の言葉からは，児童Dの事業所利用に対する心境の変化をうかがうことができる（表9-4-1）。

2 まとめ

コンサルテーション後の一番の変化は，教師の視点が「いかに声を減らすか」から，「いかに遊びや活動のレパートリーを増やすか」に変わったことである。問題の行動を減らすのではなく，良い行動を増やすことを目的とした支援になったことで，児童Dを観察する視点も「今，彼女にどんな具体物を提示するべきか」になり，よい活動を増やすことにつながった。また，児童Dの将来の自立に向けて，学校・保護者・行政で支援の方向を共有したことで，事業所利用という新たな支援につなげていくことができた。母親が外部の支援力の活用に前向きになれたことも，今回のコンサルテーションの大きな成果の一つである。

この事例を通して教師らは，学校コンサルテーションにより，児童生徒の行

95

動が変わるだけでなく，それに関わる支援者の見方や考え方，協働の仕方も改善することを経験した。これは机上で応用行動分析学を学ぶだけでは決して身につかない力である。今後も応用行動分析学を用いた学校コンサルテーションを実施し，学校内だけでなく学校間での実践事例の共有を積極的に進め，支援の質の向上につなげていきたい。

※注釈

注1　長野県内の特別支援学校教員を中心に設立された信州 ABA 研究会では，県内のいくつかの特別支援学校に奥田健次先生をコンサルタントとして招聘している。事例研究が推進され，県内外に事例研究で得た知見を広げていくことが可能となっていることを付記する。

注2　紹介した事例は，プライバシーに配慮し，事例内容に関わらない部分について若干の改変を行っている。

コンサルテーションの事例から 第9章

事例 **5** 療育センターでの事例
—— コンサルテーションを受けた保育士※注1による親子支援

笹田夕美子

1 コンサルテーション前の実態について

（1）経緯

　対象児(以下，E児)は，年少の自閉症男児で療育センターの通園施設に通っていた。E児は運動発達には問題がないにも関わらず，毎日，母親の抱っこで登園してきていた。通園時だけでなく，自分で歩かせようとすると嫌がってぐずるため，大人が抱っこして移動することが習慣化していた。

　体が小さい現状では，しゃがみこんでぐずるE児を歩かせることよりも抱っこで移動するほうが母親にとっては楽なのだが，同じ対応がいずれ困難になるという懸念があった。通園施設の担当保育士は，E児を抱っこしないで歩かせる練習を試みていたが改善がみられなかった。そこで，保護者の了解を得て行動分析学の専門家をスーパーバイザーに迎えて，E児の支援方法について助言を受けることとなった。

（2）E児の発達評価

　E児は重度の知的障害を伴う自閉症という診断を受けていた。E児の3歳11か月時の新版K式発達検査での発達指数は24であった。有意味語は無く，要求が通らないと強いかんしゃくを起こした。

（3）家族の様子

　家族は両親とE児の3人家族である。E児の泣きやぐずりに，母は耐えきれ

97

ずに，E児の要求をかなえてしまうことが多かった。

2 コンサルテーション前の対応

通園施設内で保育士はE児がしゃがみ込んだときに，なんとか自分で歩かせようと手を引っぱり上げる，脇をかかえて立たせ保育士が後ろから支えながら歩かせる，E児の気を紛らわせようと少し抱えて体を揺らす・回す等してから歩かせてみる，手すりのそばに連れて行きE児の片手に手すりを持たせて歩かせるなど，さまざまな対応を試みたが，E児はしゃがんだり，泣いたりして抵抗することが多く，かんしゃくを起こさず歩いて移動することは困難であった。

3 コンサルテーションでの助言内容について

（1）現状の支援の問題点について

コンサルテーションの場では，以下の2点を指摘された。

①E児を歩かせようとするときに，保育士からE児への身体接触が多すぎる。それによってかえってE児自身が自分で体を支えることを妨げている。

②歩行を嫌がって座りこんだときに，抱き上げて揺らす，回すなどE児が好む対応をしてしまうと，またE児の座り込む行動を増やしてしまう。目標としている行動と逆方向の対応になっている。

（2）新しい支援方法について

①支援目標を，E児が大人と目的地まで手つなぎで歩くこと（以下，手つなぎ歩きとする）とする。

②子どもにふりほどかれず，また子どもの手を痛めることのない手つなぎ歩きのしかた（図9-5-1）と，E児が座り込む，寝転ぶ等の行動を示した場合の支援の方法（具体的には，手をつないだまま電信柱のように大人が立って動かず声かけもしないでいること。その上でE児が自発的に起き上がろうとしたときに褒めて歩きはじめること）をスーパーバイザーから示された。

③事例検討会の場でスーパーバイザーが，手つなぎの方法のモデルを見せ，担当保育士とロールプレイを交えて練習した。

これらの助言とロールプレイを経て，まずは担当保育士がE児と手つなぎ歩きを行うことができるようになることを目標として取り組んだ。

4 支援経過

(1) 通園施設での保育士との手つなぎ歩きの取り組み

担当保育士がE児へのトレーニングを行ったところ，通園施設の諸活動で担当保育士との手つなぎ歩きは可能になった。

- お母さんの親指とほかの4本の指の間で子どもの手の平をぐっと挟むようにします
- つないだ手をお母さんの腿の側面にピタッと寄せるとより振り切られにくくなります
- 振り切って逃げそうな感じが減ってくれば，それに応じて少しずつ力を緩めましょう
- 手の平の奥深くを挟む形はそのままにしておけば，急に子どもが動いても瞬時に対応できます
- 「お母さんと手をつないだら，絶対に振り払えない，駆け出せない」という経験を重ねさせましょう

図9-5-1 手つなぎ歩きのしかた（奥田，2011）

一方，E児は母親の姿を見ると歩こうとせず，抱っこを要求して寝転ぶ，しがみつく，泣く等の行動が続いていた。

E児と母親の行動について，施設のスタッフで検討を行ったうえで，2回目のコンサルテーションで報告と現状での課題を相談した。

2回目のコンサルテーションで，保育士が母親に対する手つなぎ歩きのトレーニングを実施することになった。以下にその手続きと結果を示す。

（2）母親とE児の手つなぎ歩きのトレーニング

①目標とする行動：

送迎時の駐車場から通園施設まで母親とE児が手つなぎ歩きで移動することを目標とした。

②ベースライン（トレーニング前の評価）

降園および登園場面での母親とE児との手つなぎ歩きの距離を保育士が2週間観察した。母親は最初から諦めていたため，降園，登園いずれの場面でも手つなぎ歩きはまったく見られなかった。

③トレーニング1（通園施設内での保護者トレーニング）

通園施設の中で，母親とE児が手つなぎで歩く保護者トレーニングを行った。保護者トレーニングはコンサルテーションを受けた担当保育士が6回実施した。保護者トレーニングの内容は，「手のつなぎ方とE児が座り込んだときの誘導方法を母親に説明する」「保育士がE児と手つなぎで歩くモデルを見せる」「5メートルの距離で母親がE児と手つなぎ歩きをする」の3つの段階を経た。

その結果，保育士の助言を受けながら母親はE児と5メートルの距離の手つなぎ歩きが可能となった。

④トレーニング効果の測定1（降園時に25メートルの母子手つなぎ歩きを実施）

測定場面および距離：保護者トレーニングの開始と同時に，トレーニングの効果の測定のために，通園施設の降園場面においてE児と母親だけでの手つなぎ歩きを開始した。降園時の迎えの際に母親が車を停める駐車場の入口手前25メートル地点を，母親にE児を引き渡す位置とし，そこから母親とE児が手つなぎ歩きができた距離を測定した。6回の保護者トレーニング終了後も降園場面の手つなぎ歩きの距離の測定を継続的に行った。

測定方法：手つなぎ歩きの距離の測定は，E児を母親に引き渡す地点から駐車場入口までの地面に，あらかじめ1メートルごとにテープで印をつけることにした。母親が手つなぎ歩きを中断した地点にシールを貼って帰り，あとで保育士がシールの位置を確認するという方法で測定・記録した（図9-5-2）。

なお，登園場面の手つなぎ歩きについては，保護者トレーニング前と同じ条件で保育士が観察して記録した。

結果：保護者トレーニングの開始後，3日目までは，母親が途中もしくは引き渡し地点で，E児を抱っこすることがあったが，4日目から25メートルの手つなぎ歩きが可能となった。また6回の保護者トレーニング終了後については，1日目に20メートル地点で手つなぎを中断することあったが，2日目以降は25メートルの手つなぎ歩きが可能となった（図9-5-3）。

⑤**トレーニング効果の測定2（降園時に55メートルの母子手つなぎ歩きを実施）**

25メートルの手つなぎ歩きは可能となったので，E児を母親に引き渡す場所を駐車場の手前55メートルの位置に変更した（他児の引き渡し場所と同じ地点）。

結果：他児と同じように歩く距離を55メートルにしても，母親とE児は，引き渡し地点から駐車場までの手つなぎ歩きが可能になった。

さらなる課題：降園時の手つなぎ歩きは定着したが，登園時には，母親がE児を抱っこや両脇を支える姿勢で移動することが続いていた。毎朝，E児が車を降りたところでぐずりはじめるため，その状況に耐えかねた母親が抱っこで応じてしまうことが続いていた。降園場面で獲得された手つなぎ歩きが登園場面に般化しなかった。

⑥**トレーニング2（登園場面でのトレーニング）**

トレーニング2は実際の登園場面で行った。保育士が駐車場からE児と母親に同伴し，母親への助言（言語プロンプトのみ）をして手つなぎ歩きを行うことを5日間実施した。

⑦**トレーニング効果の測定2（登園時に25メートルの母子手つなぎ歩きを実施）**

方法：トレーニング2で，登園時に保育士が同伴して手つなぎ歩きのトレーニングを5日間した結果，保育士同伴時には手つなぎでの登園が可能になった。そこで6日目からはE児と母親だけで登園時の手つなぎ歩きを行った。なお，登

101

園場面の歩行距離は，降園場面とは別ルートになるため，最長25メートルであった。

　結果：トレーニング2の後，保育士が同伴しなくても，登園時の母子手つなぎ歩きが可能になった。

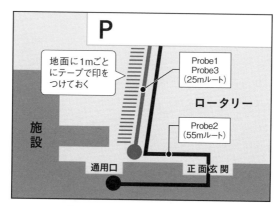

図9-5-2　手つなぎ歩きのルート

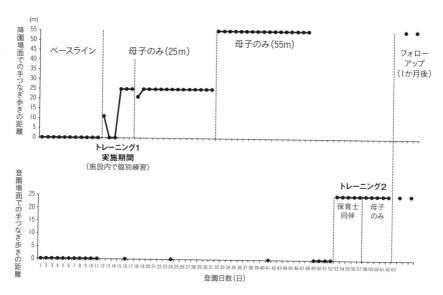

図9-5-3　降園および登園場面における母親との手つなぎ歩きの距離

フォローアップ：学年が変わり，通園施設の年中になった1か月後に登園および降園時の手つなぎ歩きの距離を測定したところ，結果は維持されていた。

5 まとめ

　通園施設でコンサルテーションを受けたことを契機に，手つなぎ歩きがまったく出来なかったE児と母親，また保育士に大きな変化をもたらすこととなった。降園場面では定着したが，登園場面への般化しなかった課題についても，登園時に保育士が同伴した追加トレーニングを行うことで，登園場面でも手つなぎ歩きが定着した。E児がぐずると抱っこをしてしまう（それによってE児のぐずりはさらに習慣化してしまう）という悪循環を断ち切るために母親への支援が必要であった。

　こうした支援方針を立てるために，通園施設で実施したコンサルテーションが役立った。有意義なコンサルテーションは，支援方法を学ぶためだけに留まらず，適切な目標を立てているかどうかのチェックや評価をも含むものであると思われる。

※注釈
注1　本事例は通園施設の保育士による支援を，コンサルテーションコーディネートを担当した筆者がまとめたものである。
　　　実際の支援に取り組んだ花平絢子さん，西川亜衣子さんに感謝を表します。

イラスト・べに山べに子

【参考文献】
奥田健次（2011）叱りゼロで「自分からやる子」に育てる本．大和書房．

▌著者紹介 (執筆順)

奥田健次 （おくだ・けんじ） 編者・学校法人西軽井沢学園理事長

島宗　理 （しまむね・さとる） 法政大学文学部教授

大久保賢一 （おおくぼ・けんいち） 畿央大学教育学部准教授

野田　航 （のだ・わたる） 大阪教育大学教育学部准教授

大対香奈子 （おおつい・かなこ） 近畿大学総合社会学部准教授

田中清章 （たなか・きよふみ） 徳島県教育委員会特別支援教育課
統括指導主事

猪子秀太郎 （いのこ・ひでたろう） 徳島県立阿南支援学校教頭

日野浩志 （ひの・こうじ） 徳島県立国府支援学校教諭

前野宏行 （まえの・ひろゆき） 徳島県立池田支援学校教諭

髙津　梓 （たかつ・あづさ） 筑波大学附属大塚特別支援学校教諭

上條くる美 （かみじょう・くるみ） 長野県諏訪養護学校教諭

青木高光 （あおき・たかみつ） 長野県稲荷山養護学校教諭

笹田夕美子 （ささだ・ゆみこ） 行動コーチングアカデミー臨床心理士

監修者紹介

柘植雅義（つげ・まさよし）

　筑波大学人間系障害科学域教授。愛知教育大学大学院修士課程修了，筑波大学大学院修士課程修了，筑波大学より博士（教育学）。国立特殊教育総合研究所研究室長，カリフォルニア大学ロサンゼルス校(UCLA)客員研究員，文部科学省特別支援教育調査官，兵庫教育大学大学院教授，国立特別支援教育総合研究所上席総括研究員・教育情報部長・発達障害教育情報センター長を経て現職。主な著書に，『高等学校の特別支援教育Q&A』（共編，金子書房，2013），『教室の中の気質と学級づくり』（翻訳，金子書房，2010），『特別支援教育』（中央公論新社，2013）『はじめての特別支援教育』（編著，有斐閣，2010），『特別支援教育の新たな展開』（勁草書房，2008），『学習障害(LD)』（中央公論新社，2002）など多数。

編著者紹介

奥田健次（おくだ・けんじ）

　1972年生まれ。2012年に桜花学園大学准教授を退職し，2018年に日本初の行動分析学を用いたインクルーシブ幼稚園を長野県に開園。運営する学校法人西軽井沢学園の創立者・初代理事長となった。桜花学園大学大学院客員教授，臨床心理士，専門行動療法士など。発達障害児とその家族への指導のために，全国各地からの支援要請に応えている。日本国内のみならず世界各地から招かれる国際的セラピストとして，ドキュメンタリー番組などで繰り返しその臨床技術が報じられた。1999年，内山記念賞（日本行動療法学会）を受賞。2003年，日本教育実践学会研究奨励賞受賞。2008年，第4回日本行動分析学会論文賞を受賞した。著作に『叱りゼロで「自分からやる子」に育てる本』（大和書房），『メリットの法則―行動分析学・実践編』（集英社），『拝啓，アスペルガー先生』シリーズ（飛鳥新社），『マンガ 奥田健次の出張カウンセリング―自閉症の家族支援物語』（スペクトラム出版社）など多数。また，訳書には『いじめられっ子の流儀：知恵を使ったいじめっ子への対処法』（学苑社）など。

ハンディシリーズ 発達障害支援・特別支援教育ナビ

教師と学校が変わる学校コンサルテーション

2018 年 9 月 28 日　初版第 1 刷発行
2018 年 10 月 1 日　初版第 2 刷発行

［検印省略］

監修者	柘　植　雅　義
編著者	奥　田　健　次
発行者	金　子　紀　子
発行所	株式会社 金　子　書　房

〒112-0012　東京都文京区大塚 3-3-7
TEL　03-3941-0111㈹
FAX　03-3941-0163
振替　00180-9-103376
URL　http://www.kanekoshobo.co.jp

印刷／藤原印刷株式会社　製本／株式会社宮製本所
装丁・デザイン・本文レイアウト／ mammoth.

© Kenji Okuda, et al.,2018
ISBN 978-4-7608-9551-9　C3311　Printed in Japan

金子書房の発達障害・特別支援教育関連書籍

子どもの特性や持ち味を理解し、将来を見据えた支援につなぐ

発達障害のある子の自立に向けた支援
——小・中学生の時期に、本当に必要な支援とは？

萩原 拓 編著　A5判・184頁　本体1,800円＋税

通常学級にいる発達障害のある子どもが、将来社会に出て困らないための理解や支援のあり方を紹介。学校でできる支援、就労準備支援、思春期・青年期に必要な支援などを、発達障害支援・特別支援教育の第一線で活躍する支援者・研究者・当事者たちが執筆。好評を得た「児童心理」2013年12月号臨時増刊の書籍化。

CONTENTS

- 第1章　総論・発達障害のある子の将来の自立を見据えた支援とは
- 第2章　発達障害の基礎知識・最新情報
- 第3章　支援のために知っておきたいこと
  ——発達障害のある成人たちの現在
- 第4章　自立に向けて学校でできる支援
- 第5章　思春期・青年期における支援の実際
- 第6章　自立・就労に向けて
- 第7章　発達障害のある子の家族の理解と支援

K 金子書房

自閉スペクトラム症のある子への性と関係性の教育
具体的なケースから考える思春期の支援

川上ちひろ 著　A5判・144頁　本体1,800円＋税

中京大学教授　辻井正次先生 推薦！

「性」の領域は、タブーや暗黙のこととされることが多く、発達障害の子どもたちにとって指導が必要な領域です。本書は、通常学級などに在籍する知的な遅れのない発達障害の子どもたちを対象に、「性」の問題を、そこにいる他者との「関係性」のなかで、どう教えていくのかについての実践的な内容が書かれています。多くの子どもたちと保護者・教師を助けてくれる1冊となるでしょう。

主な内容

第Ⅰ部　思春期のASDのある子どもの性と関係性の教育について
「性と関係性の教育」とは何か／思春期を迎えたASDのある子どもの性的文脈の関係の複雑さ／従来の「性教育」「性の捉え方」からの脱却／ASDのある子どもの性と関係性に関わる問題行動について／家族や支援者の悩み・陥りやすい間違った関わりについて／ほか

第Ⅱ部　具体的ケースから考える——ASDのある子どもの性と関係性の教育・支援
男女共通・どの年代でもあてはまる話題／とくに思春期の女子にあてはまる話題／とくに思春期の男子にあてはまる話題

金子書房の心理検査

自閉症スペクトラム障害（ASD）アセスメントのスタンダード

自閉症スペクトラム評価のための半構造化観察検査

ADOS-2 日本語版

C. Lord, M. Rutter, P.C. DiLavore, S. Risi,
K. Gotham, S.L. Bishop, R.J. Luyster, &
W. Guthrie 原著

監修・監訳：黒田美保・稲田尚子

［価格・詳細は金子書房ホームページをご覧ください］

検査用具や質問項目を用いて、ASDの評価に関連する行動を観察するアセスメント。発話のない乳幼児から、知的な遅れのない高機能のASD成人までを対象に、年齢と言語水準別の5つのモジュールで結果を数量的に段階評価できます。DSMに対応しています。

導入ワークショップ開催！

〈写真はイメージです〉

自閉症診断のための半構造化面接ツール

ADI-R 日本語版

■対象年齢：精神年齢2歳0カ月以上

Ann Le Couteur, M.B.B.S., Catherine Lord, Ph.D., &
Michael Rutter, M.D., F.R.S. 原著

ADI-R 日本語版研究会 監訳
［土屋賢治・黒田美保・稲田尚子　マニュアル監修］

● プロトコル・アルゴリズム
　（面接プロトコル1部、包括的アルゴリズム用紙1部）…本体 2,000円＋税
● マニュアル　　　　　　　　　　　　　　　本体 7,500円＋税

臨床用ワークショップも開催しております。

ASD関連の症状を評価するスクリーニング質問紙

SCQ 日本語版

■対象年齢：暦年齢4歳0カ月以上、
　　　　　　精神年齢2歳0カ月以上

Michael Rutter, M.D., F.R.S., Anthony Bailey, M.D.,
Sibel Kazak Berument, Ph.D., Catherine Lord, Ph.D., &
Andrew Pickles, Ph.D. 原著

黒田美保・稲田尚子・内山登紀夫 監訳

● 検査用紙「誕生から今まで」（20名分1組）………本体 5,400円＋税
● 検査用紙「現在」（20名分1組）………………本体 5,400円＋税
● マニュアル…………………………………本体 3,500円＋税

※上記は一定の要件を満たしている方が購入・実施できます。
　詳細は金子書房ホームページ（http://www.kanekoshobo.co.jp）でご確認ください。

金子書房

ハンディシリーズ

発達障害支援・特別支援教育ナビ

柘植雅義◎監修

既刊

ユニバーサルデザインの視点を活かした指導と学級づくり
柘植雅義 編著

定価 本体1,300円+税／A5判・104ページ

発達障害の「本当の理解」とは—— 医学, 心理, 教育, 当事者, それぞれの視点
市川宏伸 編著

定価 本体1,300円+税／A5判・112ページ

これからの発達障害のアセスメント—— 支援の一歩となるために
黒田美保 編著

定価 本体1,300円+税／A5判・108ページ

発達障害のある人の就労支援
梅永雄二 編著

定価 本体1,300円+税／A5判・104ページ

発達障害の早期発見・早期療育・親支援
本田秀夫 編著

定価 本体1,300円+税／A5判・114ページ

学校でのICT利用による読み書き支援—— 合理的配慮のための具体的な実践
近藤武夫 編著

定価 本体1,300円+税／A5判・112ページ

発達障害のある子の社会性とコミュニケーションの支援
藤野 博 編著

定価 本体1,300円+税／A5判・112ページ

発達障害のある大学生への支援
高橋知音 編著

定価 本体1,300円+税／A5判・112ページ

発達障害の子を育てる親の気持ちと向き合う
中川信子 編著

定価 本体1,300円+税／A5判・112ページ

発達障害のある子／ない子の学校適応・不登校対応
小野昌彦 編著

定価 本体1,300円+税／A5判・112ページ

教師と学校が変わる学校コンサルテーション
奥田健次 編著

定価 本体1,300円+税／A5判・112ページ

ハンディシリーズ・続刊決定！

取り上げるテーマ(予定)：大人の発達障害の理解と支援／特別支援教育とアクティブ・ラーニング／
高校での特別支援教育／など